Paul Rooyackers
Bor Rooyackers
Liesbeth Mende

REDEN UND ZUHÖREN ÜBEN

in Dialogen

100 Texte und Situationen

Verlag an der Ruhr

Impressum

Titel: **Reden und Zuhören üben in Dialogen**
100 Texte und Situationen

Autoren: Paul Rooyackers, Bor Rooyackers, Liesbeth Mende

Titel der
Originalausgabe: 100 Dialogen.
Nievwe theaterteksten voor iedereen vanaf 12 jaar
© 2002 Panta Rhei, Katwijk

Übersetzer: Sebastiaan Bevers, Claire Zedelius

Illustrator: Magnus Siemens

Druck: Druckerei Uwe Nolte, Iserlohn

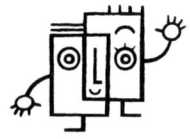

Verlag an der Ruhr
Postfach 10 22 51, D–45422 Mülheim an der Ruhr
Alexanderstr. 54, D–45472 Mülheim an der Ruhr
Tel.: 0208/439 54 50, Fax: 0208/439 5 439
E-Mail: info@verlagruhr.de
www.verlagruhr.de

© Verlag an der Ruhr 2004
ISBN 3-86072-930-6

**geeignet für
die Altersstufe**  **Jahre**

Ein weiterer Titel des **Verlags an der Ruhr**,
mit dem Jugendliche Sprachgefühl und
Kommunikationskompetenz trainieren können:

 **Erzählen lernen**
100 Texte und Situationen
Kurt Wasserfall
10–14 J., 136 S.,
16 x 23 cm, Pb.
ISBN 3-86072-935-7

Die Schreibweise der Texte folgt der reformierten Rechtschreibung.

Gedruckt auf chlorfrei gebleichtes Papier.

Inhaltsverzeichnis

Inhaltsverzeichnis

Einleitung

Reden und zuhören, verstanden werden und verstehen – Kindern und Jugendlichen mit ausgeprägter Sprachkompetenz und der Fähigkeit aktiv zuzuhören, fällt es leichter, sich anderen Menschen mitzuteilen, auf die Wünsche anderer Rücksicht zu nehmen und Konflikte auf verbalem Wege beizulegen. Ein gutes Sprachgefühl und das Wissen um den Facettenreichtum von Sprache dienen dabei nicht nur dem Verständnis komplexerer Sprachstrukturen im Deutschunterricht, sondern bilden die Grundlage jeden Unterrichtsgeschehens. Nur wer sprachlich fit ist, kann dem Unterricht überhaupt erst angemessen folgen, erteilte Aufgaben verstehen und am Lerngeschehen aktiv mitwirken. Kurz: Kinder und Jugendliche, die mit Sprache gut umgehen können, kommen in Alltag und Schule besser zurecht. Sprache muss daher als alltägliches Ausdrucksmittel und Handwerkszeug bewusst und gezielt gefördert werden, um den Jugendlichen eine aktive Teilnahme an ihrer Lebenswelt zu ermöglichen.

Mit den **100 in Alltagssprache verfassten Dialogen** dieses Buches ist genau dies möglich. Sie liefern einen praktischen Zugang zum situations- und sachgerechten Umgang mit Sprache sowie zum besseren Sprachverständnis. Darüber hinaus eignet sich das Material sehr gut für die Rollenspielarbeit: Die Jugendlichen können in den Dialogen immer wieder andere Rollen übernehmen und verschiedene Charaktere ausprobieren. Das Verlassen der eigenen gewohnten Rolle und das Hineindenken in eine andere fördert das Einfühlungsvermögen sowie weitere soziale Kompetenzen und ermöglicht vielschichtigere Arten der Gesprächsführung und der Textinterpretation.

Die Themen der Dialoge – Mode, Haustiere, (Ferien-)Jobs, Trennungen, Treffen mit Freunden, Spiele usw. – entspringen dem Alltag von Jugendlichen und sind mit ihrer einfachen, zum Teil sogar bewusst umgangssprachlichen Sprache leicht zu verstehen, zu lesen und szenisch darzustellen. Das Buch eignet sich in erster Linie für den Deutschunterricht der Klassen 7–13, kann darüber hinaus aber auch bei schulischen Theaterprojekten und in der außerschulischen Jugendarbeit eingesetzt werden, da die Texte einen optimalen Einstieg in das szenische Darstellen und auch erste Anleitungen zur Bühnengestaltung bieten. Die Dialoge variieren in Form und Inhalt und präsentieren kurze, lange, witzige, ernste, realistische oder absurde Gespräche, die zumeist ohne komplizierte Handlungen auskommen. Jedes der elf Kapitel wird durch eine kurze Einführung und Tipps eingeleitet, die sich auf den zentralen Aspekt des Kapitels beziehen und bereits spezifische Interpretationsmöglichkeiten der Dialoge andeuten. Diese Tipps richten sich bewusst an die Jugendlichen selbst, die dadurch angeregt werden, gemeinsam über Gestaltungs- und Variationsmöglichkeiten der Dialoge nachzudenken. Anhand der gestellten Fragen – etwa wie man an einen Dialog herangeht oder worauf man achten sollte – erschließen sich die Jugendlichen schrittweise den genauen Aufbau der Dialoge.

Was ist ein Dialog?

In einem Dialog (Zwiegespräch, Unterredung) versuchen zwei Personen, miteinander zu reden und sich über etwas Bestimmtes zu verständigen. Das kann etwas ganz Profanes sein – etwa der Kauf eines Brots beim Bäcker –, aber auch ein Problem, das die Charaktere in ihrer Unterhaltung erörtern. Sind diese Dialoge Teil einer Gesamtgeschichte, ist die Interpretationsrichtung weitgehend vorgegeben, da die Gespräche in dem Fall meist durch eine kurze Situationsbeschreibung eingeleitet werden:

„Peter schaute zu ihr, zu der Schachtel mit den Ringen auf dem Tisch, schob sie zur Seite und drehte sich zu ihr hin." Peter wird hiernach wahrscheinlich etwas zu seiner Gesprächspartnerin sagen oder sie zu ihm.

Das vorliegende Buch präsentiert ausschließlich Dialoge ohne eine solche Vorgeschichte, damit dem Leser hinsichtlich Vortrag und Deutung der Texte ein möglichst großer Spielraum bleibt. Diese ohne jegliche Zusätze und Hintergrundinformationen gedruckte Kommunikationsform nennt man auch **„kahle Dialoge"**: Erst das Vorlesen bzw. Vortragen macht sie zu einer

„richtigen" Unterhaltung. Der Leser muss daher stets berücksichtigen, dass jeder einzelne Satz des Gesprächs eine Botschaft enthält, so unwichtig sie ihm auch erscheinen mag.

Von entscheidender Bedeutung für die Wirkung eines Textes sind die Situation, in der die Szene spielt, und die besondere Art, in der ein scheinbar simpler Dialog vorgetragen wird. Durch die jeweiligen Akteure, die ihren Text auf individuelle Art sprechen, erfolgt bereits eine besondere Interpretation des Gesagten. Ein kurzes Beispiel kann das veranschaulichen:

Kunde: *Ich hätte gerne ein Weißbrot.*
Bäcker: *Aber selbstverständlich!*

Auf den ersten Blick ist die Botschaft des Dialoges eindeutig: Der scheinbaren Forderung des Kunden: *„Ich möchte ein Weißbrot haben"*, scheint der Bäcker zu entsprechen: *„In Ordnung."* Geht man aber z.B. davon aus, dass es in dieser Bäckerei nur Schwarzbrote gibt, erhalten die Sätze eine ganz andere Bedeutung. Die Mitteilung des Kunden könnte nun auch heißen: *„Ich nehme Sie auf den Arm."* oder: *„Sollten Sie nicht mal Weißbrote backen?"*

Eine andere Aussage des Bäckers (freundlich lächelnd dem Kunden ein Schwarzbrot reichend) könnte etwa lauten: *„Bitte schön, ein Weißbrot."* Auch die Art des Vortrags oder das Aussehen der Figuren nimmt großen Einfluss auf die Botschaft des Textes. Schreit der Kunde etwa seinen Text, deutet das möglicherweise an, dass er es sehr eilig hat, weil er vielleicht noch eine Bahn erreichen muss. Wirkt der Kunde vollkommen abgemagert, wenn er in die Bäckerei stolpert, will er wohl andeuten: *„Ich bin ausgehungert."* Reagiert der Bäcker dann nur mit seinem kurzen Text, ohne darüber hinaus etwas zu unternehmen, lautet seine unmissverständliche Botschaft: *„Erst will ich Geld sehen."* oder: *„Vergiss es."* Und schon wirkt der Bäcker mitleidslos und unbarmherzig. Ob dies auch der tatsächlichen Intention des Autors entspricht, ist an dieser Stelle irrelevant. Der Vorlesende/Vortragende oder auch der Kursleiter/Lehrer bestimmt die Inszenierung und somit zu einem großen Teil auch die besondere Aussagekraft des Dialoges. Hier dürfen Kreativität und Phantasie freien Lauf gelassen und ungewöhnliche Interpretationswege eingeschlagen werden – sofern die Interpreten eine überzeugende und in sich stimmige Erklärung für ihre Deutung des Textes liefern können. Jugendliche begreifen auf diese Weise, dass sich mit Sprache mehr anfangen und sagen lässt, als es auf den ersten Blick scheint.

Der Dialogaufbau – Interpretationshilfen

Dialoge ohne jeglichen Aufbau gibt es nicht. Meist folgen sie bestimmten Regeln, die bei der Interpretation hilfreich sein können. Je genauer man sich vorab die Situation, die Charaktere, das Problem usw. eines Dialoges bewusst macht, desto einfacher ist es, in eine Rolle hineinzuschlüpfen bzw. einen gelesenen oder vorgetragenen Dialog zu deuten. Folgende relevante Fragen und Themen sollten dabei stets berücksichtigt und diskutiert werden:

■ Hier und Jetzt – Handlungsort und -zeitpunkt

Warum hier und warum gerade jetzt? Diese Frage sollte bei der Analyse von Dialogen so weit wie möglich beantwortet werden, denn sie ist sowohl bei der Deutung des Textes als auch bei der Wahl der Vortragsart hilfreich. Ein kurzes Beispiel kann das veranschaulichen:

Thomas: *Ich werde dich erwürgen ...*
Ellen: *NEIN!!*

Warum entschließt sich Thomas gerade jetzt zu dieser Handlung? Warum hat er es nicht gestern schon getan? Warum wartet er nicht auf einen geeigneteren Zeitpunkt? Warum will er genau hier handeln und warum nicht in einem Wald oder wenn Ellen schläft? Auf diese Fragen gilt es Antworten zu finden, von denen auch mehrere gleichberechtigt nebeneinander stehen können, sofern die Interpretation nachvollziehbar und logisch bleibt.

▓ Spannungsaufbau

Der Spannungsaufbau innerhalb einer Geschichte hängt eng mit der Entwicklung eines Charakters zusammen. Durchläuft der Charakter während des Gesprächs eine Entwicklung, steigert sich auch die Spannung der Geschichte. Folgende Fragen sollten vor jedem Dialog gestellt werden: Was lässt sich über die Entwicklung der Figuren sagen? Haben sich am Ende des Dialogs Meinungen und Standpunkte geändert? Ändert sich das Leben einzelner Figuren durch das Gespräch nachhaltig und wie gehen sie mit dieser Änderung um? Sehr oft steigert sich die Spannung bis zu einem Höhe- oder Wendepunkt. Das kann z.B. der Moment sein, in dem jemand, der bisher zu einem bestimmten Sachverhalt geschwiegen hat, die sprichwörtliche Katze plötzlich „aus dem Sack" lässt.

▓ Aktion – Reaktion

Jeder Dialog besteht aus einer Aktion und einer Reaktion. Kurze Kommentare, die sich auf die Art des Sprechens beziehen (im Theater auch „Regieanweisungen") erklären die Wirkung der einzelnen Sätze genauer.

Ralf schrie außer sich vor Wut: *„Ich weiß wirklich nicht mehr, was du meinst!"*

Solche Hinweise liefern die folgenden Dialoge nicht. Der Vorlesende bzw. Vortragende oder der Lehrer bzw. Kursleiter überlegt sich verschiedene Möglichkeiten der Inszenierung – laut, leise, dialektal gefärbt usw. – und somit auch der Interpretation des Dialoges.

▓ Problemsituation

Ein Dialog schildert häufig ein Problem, das gelöst werden kann – oder eben auch nicht. Die Problemerörterung provoziert oft Konflikte zwischen den Charakteren, allerdings folgt im besten Fall auf den Moment der Einsicht eine Lösungsmöglichkeit, die vorgeschlagen wird. Für den Jugendlichen ist es wichtig, beim Lesen des Textes zu erkennen, wie das Problem in einem

Dialog entwickelt wird. Wird es zugespitzt, versteckt, plötzlich entdeckt, im Laufe des Gesprächs verändert oder sogar gelöst? Um welche Charaktere dreht sich der Dialog, welche Persönlichkeiten nehmen teil, wo befinden sie sich? Wann genau findet der Dialog statt, welche Nebenfiguren treten auf und inwiefern nehmen sie an der Problemsituation teil etc.? Worum dreht sich der Konflikt, geht es um etwas Materielles oder um Emotionales? Wichtig ist, dass Jugendliche den Textaufbau, d.h. die Argumentationsstrukturen des Dialogs verstehen, bevor sie selbst mit dem Vortrag beginnen.

■ Konflikt

Ein Konflikt ist ein fester Bestandteil eines (dramatischen) Dialogs, obwohl er nicht immer offensichtlich wird. Ebenso wenig existiert stets eine direkte Lösung für das Problem: Genau dies ermöglicht aber einen breiten Raum für Diskussionen und verschiedene Spielarten von Dialogen, die in einer Gruppe von Jugendlichen ausprobiert werden können. Bei der Analyse eines Konfliktes können die folgenden Aspekte hilfreich sein:

▶ Um welchen Konflikt handelt es sich?

Geht es um eine unbeglichene Rechnung, sind die Charaktere bereits extrem wütend? Ist eine Person der anderen vielleicht grundsätzlich überlegen oder verletzt sie deren Gefühle? Es existieren viele verschiedene Konflikte. Deshalb ist bei jedem Dialog darauf zu achten, wie diese dargestellt werden.

▶ Tempo, Niveau, Kraft und Lautstärke

In einem Dialog kann langsam oder schnell gesprochen werden; manchmal wird auch laut geschrieen; der Sprechende kann hinterhältig und gemein wirken, kann herablassend sein oder wild gestikulieren. Kurzum: Es gibt zahlreiche Variationen, einen Dialog vorzutragen.

▶ Gegensätze in einem Dialog

Unterschiedliche Charaktere verstärken den Konflikt: Beispielsweise spitzt sich das Problem zu, wenn der eine Gesprächspartner ruhig und gelassen auftritt, während der andere von Beginn an wütend ist.

▦ Charaktere

Klassische Charaktere im Dialog sind z.B. der scheinbar Unbesiegbare, der geborene Verlierer, der Zweifelnde, der Angeber, der Betrüger, das Opfer usw. Bei den **100 Dialogen** in diesem Buch handelt es sich um Zweiergespräche, die unterschiedlich starke und schwache Persönlichkeiten vorstellen. Ausführliche Darstellungen der Charaktere werden bewusst nicht geliefert, da es darum geht, den jeweiligen Charakter selbst zu entdecken und auszubauen. Allerdings deuten Tipps und Hinweise diesbezügliche Gestaltungsmöglichkeiten an.

Der Konflikt eines Dialoges ergibt sich durch das jeweilige Problem in Kombination mit den Charakteren, die auftreten. Je größer der Unterschied zwischen den Handelnden ist, desto eher gerät das Problem zu einem richtigen Konflikt, den beide Charaktere im Dialog nicht mehr lösen können. Darüber hinaus kann es vorkommen, dass ein Charakter in einem Dialog eine grundlegende Wandlung durchläuft. Bezogen auf das Genre „Film" passiert hier häufig Kehrtwendungen, die der „Gute" oder der „Böse" einlegen. Filmgeschichte und Literatur liefern diesbezüglich unzählige Beispiele. Dialogisches Sprechen und szenisches Spiel sind deswegen so spannend, weil sie es den Agierenden erlauben, den eigenen Charakter neu zu erfinden und nach individuellen Vorstellungen auszurichten. Häufige Typen von Charakteren, die immer wieder in Texten vorkommen, sind etwa:

▸ Menschen wie du und ich

Die Wirkung solcher Figuren erinnert an die so genannten „Seifenopern": Die dargestellten Erlebnisse ähneln den eigenen, man erkennt sich in den Charakteren wieder. Inszeniert werden hier oft alltägliche Situationen und Erfahrungen wie Verabredungen, Einkaufsbummel, Familiengespräche, Freundschaften und Beziehungen, Auseinandersetzungen, Missverständnisse usw.

▸ Das Image

Bestimmte Figuren sind mit einem spezifischen Image verbunden, z.B. der Macho, der strenge Polizist, der erfolgreiche Geschäftsmann, die selbstständige, geschiedene Frau usw.

▶ **Charaktere mit gegensätzlichen Zügen**

Ein Beispiel wäre ein strenger Polizist, der es hasst, Strafzettel zu verteilen. Oft stellen diese Charaktere ganz besondere Herausforderungen in Bezug auf ihre Inszenierung dar.

▶ **Der Taugenichts**

Bereits an seiner Gestik, Mimik und Körperhaltung erkennt man, dass diese Figur zu nichts wirklich imstande ist. Noch bevor sie ein einziges Wort sagt, hat sie bereits einen schlechten Eindruck beim Publikum hinterlassen.

▶ **Der Einsichtige**

Eine Figur kann, z.B. unter großem Druck, Fehler zugeben und Besserung geloben. Das Publikum reagiert dann möglicherweise, indem es seine eigentlich schon feststehende Meinung noch einmal ändert.

▶ **Der Mächtige**

Personen repräsentieren einen bestimmten Status, besitzen Macht oder auch keine. Mächtige Figuren besitzen den größten Einfluss und sind in der Lage, andere zu manipulieren.

▶ **Figuren in der Entwicklung**

Bestimmte Charaktere werden sich ihrer individuellen Persönlichkeit erst im Laufe des Gesprächs bewusst, was sich dann im Dialog bereits zeigt. Möglicherweise erkennt jemand, der stets von anderen gehänselt wurde, erst jetzt die eigene Stärke und tritt plötzlich selbstbewusst auf.

▶ **Der Einzigartige**

Besondere Stärken und Talente machen das Spezifische einer Figur aus und tragen zu ihrer Unverwechselbarkeit bei.

▶ **Der negative Charakter**

Bestimmte Typen von Charakteren sind stets die Bösen und werden geradezu als Symbole fürs Negative verwendet, wie z.B. der Fuchs in der Fabel.

Warum Dialoge im Unterricht?

Lernziele

Die Dialoge dieses Buches sollten mit verteilten Rollen gelesen bzw. szenisch dargestellt werden. Im Anschluss daran versucht die Gruppe, zentrale Aspekte der Texte abhängig von den jeweiligen thematischen Schwerpunkten zu analysieren.

Dieser besondere Zugang zu Texten in Form von Dialogen fördert wichtige sprachliche Kompetenzen für Unterricht und Alltag. Verstärkt werden diese Effekte, wenn man die mündlich vorgetragenen Texte tatsächlich zu kleinen Theaterszenen ausbaut. Im Einzelnen werden gefördert:

▶ Lesefähigkeit

Die Jugendlichen üben, eigene und fremde Texte sicher und betont (vor) zu lesen und zu verstehen.

▶ Sprachkompetenz

Die Jugendlichen üben das Sprechen vor und zu anderen. Sie erlernen den situations- und sachgerechten Umgang mit Sprache und begreifen Sprache als Ausdrucks- und Handwerkszeug für Alltag und Schule.

▶ Ausdrucksfähigkeit

Die Jugendlichen gelangen durch das Wiederholen der einzelnen Dialoge über ein zunächst ‚neutrales' Vorlesen mehr und mehr zu einem ausdrucksstarken, betonten Sprechen. Gleichzeitig entwickeln sie ein Gefühl für die passende Gestik und Mimik, die ihre Aussagen zusätzlich unterstützen können.

▶ Sicheres Auftreten

Das wiederholte Sprechen vor der Gruppe fördert Selbstsicherheit und das Vertrauen in die eigenen sprachlichen Kompetenzen. Insbesondere die Erkenntnis, im Laufe der Übungen an Aussagekraft zu gewinnen, hilft den Jugendlichen beim Aufbau eines sicheren, selbstbewussten Auftretens.

Warum Dialoge im Unterricht?

▶ **Aktives Zuhören**

Die Jugendlichen lernen, anderen aktiv zuzuhören: Sie lassen die Vortragenden ausreden, ohne zu unterbrechen, konzentrieren sich auf die Inhalte und lassen sich auf den Sprecher ein (Anerkennung des Vortragenden!).

▶ **Wahrnehmungssteigerung**

Der Umgang mit verschiedenen Texten und Rollen (Sprecher und Zuhörer) fördert die Fähigkeit, über den bloßen Text hinaus Darstellungsmuster zu erkennen. Jugendliche begreifen, wie Informationen vermittelt und dargestellt werden können und welche Taktiken beim Sprechen eingesetzt werden. Dies regt zu einem kritischen Hinterfragen von Informationen und der unter Umständen manipulativen Art ihrer Vermittlung an, wie sie in Alltag, Schule und Medien geschieht.

▶ **Reflexion über Sprache**

Die Diskussionsrunden im Anschluss an die Darstellung der Dialoge sind von wesentlicher Bedeutung für den Ausbau sprachlicher Kompetenzen. In der reflexiven Auseinandersetzung mit den Texten, den Redebeiträgen und durch die Analyse eigener Stärken und Schwächen üben die Jugendlichen, Absicht und Wirkung, Inhalt und Sprachform eines Textes kritisch zu prüfen. Gerade vor dem Hintergrund einer immer einflussreicheren Mediengesellschaft entwickeln sich hier entscheidende Fähigkeiten, die helfen, die „richtige" Information aus dem unüberschaubaren Angebot an Nachrichten herauszufiltern.

▶ **Schreibkompetenz**

Nachdem die Jugendlichen die Arbeit mit Dialogen kennen gelernt und ausreichend praktische Erfahrung im Vorlesen und Diskutieren der Inhalte gesammelt haben, kann dann ein letzter Schritt erfolgen: Abschließend können sie selbst Dialoge verfassen, einem bestimmten Thema zuordnen und gemeinsam mit einem Partner vortragen. Diese praxisorientierte Schreibübung motiviert Schüler zum selbständigen Schreiben, da sie das Geschriebene selbst vorführen sollen. Durch diesen letzten Schritt erkennen die Jugendlichen, wie der selbst verfasste Text durch die Art der Darstellung plötzlich eine Aussage erhält, die nicht unbedingt der ursprünglichen Absicht entspricht. Unterschiede zwischen mündlicher und schriftlicher Form von Kommunikation und Begriffe wie Intention, Dramaturgie, Textaussage und Interpretation werden so in die Praxis übersetzt und den Jugendlichen näher gebracht.

Diese Fähigkeiten helfen insgesamt einerseits, dem Unterricht überhaupt erst zu folgen und fremde Texte und Aufgabenstellungen zu verstehen. Andererseits dient die Förderung verbaler Ausdrucksfähigkeit auch dem Zurechtkommen im Alltag. Ob Redebeiträge im Unterricht, mündliche Prüfungen oder Bewerbungsgespräche – der sichere Umgang mit Sprache und der bewusste Einsatz sprachlicher Mittel ist in fast allen gesellschaftlichen Bereichen eine Grundvoraussetzung für das öffentliche Auftreten und das eigene Selbstbewusstsein. Diese Zielsetzungen sollten bei der Arbeit mit den Dialogen stets präsent bleiben: Fragen Sie sich vor jedem Dialog und der sich anschließenden Diskussion, welche Fähigkeiten dadurch trainiert werden. Meist sind es mehrere, die durch die einzelnen Dialoge optimiert werden. Grundsätzlich ist es immer möglich, eigene Schwerpunkte zu setzen: Jugendliche können z.B. angehalten werden, ausschließlich auf ihre Stimmlage, Gestik, Mimik usw. zu achten. Die Leitfragen der einzelnen Kapitel geben zu solchen Schwerpunktsetzungen Hilfen. Berücksichtigen Sie grundsätzlich den Schwierigkeitsgrad der Dialoge: Nicht alle Gespräche eignen sich für jede Altersstufe, sondern einige setzen bestimmte Erfahrungen und einen angemessenen Wissensstand voraus. Fragen Sie sich stets, ob die Gruppe in der Lage ist, mit dem Dialog umzugehen und sich in die dargestellten Rollen einzufinden. Was sollten die Jugendlichen am Ende der Einheit gelernt haben? Setzen Sie genaue Lernziele!

Didaktische Hinweise – Praktische Tipps

▪ Die Zusammenstellung der Dialogpartner

Meistens lassen sich die Dialoge in Zweier- oder Kleingruppen aufführen. Speziell markiert sind die Dialoge, die eine bestimmte Anzahl an Darstellern benötigen oder die gleichzeitig von mehreren Jugendlichen vorgetragen werden können. In manchen Lerngruppen ist die Einteilung in Dialogpaare überhaupt kein Problem und gestaltet sich fast von allein. Problematisch wird es, wenn Mädchen nur mit Mädchen und Jungen nur mit Jungen gemeinsam vortragen, immer die gleichen Jugendlichen Paare bilden, andere Jugendliche überhaupt nicht vortragen bzw. sich erfolgreich vor dem Vortrag drücken. Für solche Fälle ist es ratsam – vor allem für die Jüngsten – einige Einteilungssysteme parat zu haben. Eingeteilt werden könnte z.B. nach der Farbe der Kleidung, nach Haarfarbe oder -länge, nach Größe usw.

■ Hilfreiche Signale

Den Beginn eines Vortrages oder einer szenischen Darstellung sollten Sie durch ein vorher vereinbartes Zeichen signalisieren. Das gleiche Vorgehen empfiehlt sich, um die Darbietung zu unterbrechen, wenn etwas schief geht. Die Jugendlichen können am vorab festgesetzten Signal auch erkennen, wann ein besonders konzentriertes Zuhören nötig ist. Vereinbaren Sie gerade für besonders deutungsrelevante Stellen des Textes, d.h. Stellen, an denen man das Kernthema des jeweiligen Dialoges besonders gut erkennen kann, akustische Zeichen. Auch die Jugendlichen selbst können diese Zeichen geben und ihr Textverständnis dadurch überprüfen. Mögliche Zeichen zu Beginn wären z.B. Sätze wie „Spieler bereit?", „Zuhörer bereit?", „Und los!" oder einfach das Senken der Stimme. Für die wichtigen Stellen könnten ein (leiser) Pfiff, ein (leiser) Gong, ein Fingerschnippen usw. eingeführt werden. Jedes Signal funktioniert natürlich nur dann, wenn die Gruppe damit bereits vertraut ist. Wenn Sie jedes Mal die gleichen Zeichen benutzen, werden Sie merken, dass die Gruppe darauf immer schneller und selbstverständlicher reagiert.

■ Altersanpassung der Dialoge

Die Dialoge sind für Kinder und Jugendliche ab 12 Jahren konzipiert. Einige der Texte eignen sich aber durchaus für jüngere Kinder und können von ihnen gelesen und dargestellt werden. Prinzipiell sollten Sie für jedes Alter eine angemessene ‚Übersetzung' der Dialoge vornehmen, Texte mit dem jeweils altersangemessenen Inhalt aussuchen und auf den Leistungsstand der Gruppe Rücksicht nehmen. Die Erfahrung mit den Dialogen hat gezeigt, dass viele Dialoge durch leichte Änderungen an unterschiedliche Altersstufen angepasst werden können.

■ Materialien

Für die meisten Dialoge ist kein Material nötig. Werden besondere Requisiten oder eine spezielle Dekoration eingesetzt, sind diese vorab aufgelistet. Dasselbe gilt für eine besondere Licht- und Tonregie.

Die eingesetzten Requisiten erleichtern den Darstellern möglicherweise den Einstieg in den Dialog. Der Kursleiter bzw. Lehrer sollte sich vorab überlegen, ob eine bestimmte Dekoration ggf. hilft, der Gruppe die Stimmung eines Dialoges oder seine spezielle Aussage näher zu bringen.

■ Zeitlicher Rahmen

Es braucht seine Zeit, einen Text zu lesen, zu verstehen und für die Präsentation einzuüben. Falls eine Schüler- bzw. Jugendgruppe einen Dialog gemeinsam liest, sollte der Lehrer bzw. der Kursleiter die Textlänge vorab überprüfen, um die Dauer des Vortrags und der anschließenden Diskussion einschätzen zu können. Manchmal kann ein einziger Text einer Gruppe von 15 Jugendlichen genügend Stoff für eine ganze Stunde bieten. Letztlich muss der Kursleiter entscheiden, wie sehr er einen Dialog vertieft oder ob er möglicherweise einen weiteren mit einbezieht.

■ Raum/Platz

Für die meisten Dialoge reicht ein Raum mittlerer Größe. In einigen Fällen jedoch benötigt die Gruppe für die szenische Darstellung möglicherweise mehr Platz, z.B. eine Bühne, Aula etc. Der Raum sollte darüber hinaus immer möglichst spärlich möbliert sein, damit die Darsteller sich ganz auf den Dialog und die jeweilige kommunikative Situation konzentrieren können.

■ Improvisations- und Variationsmöglichkeiten

Zahlreiche Tipps leiten die meisten Dialoge ein. Diese richten sich oft an den Lehrer bzw. Kursleiter und helfen, falls die Gruppe einmal überfordert ist. Grundsätzlich ist es sinnvoll, die Dialoge mehrmals und möglichst verschieden szenisch darzustellen. Was passiert mit einem Text und der Interaktion zwischen den Dialogpartnern, wenn man den sprachlichen Ausdruck verändert? Über die Tipps hinaus bleibt es der Gruppe und ihrem Leiter überlassen, sich immer neue Varianten eines Dialogs auszudenken. Möglicherweise bietet sich

Warum Dialoge im Unterricht?

der Einsatz von Musik an. Was passiert mit der Aussage eines Dialogs, wenn er musikalisch untermalt wird? Auch unterschiedliche Rollenbesetzungen können spannend sein: So sind Frauen- und Männerrollen eigentlich immer festgelegt. Allerdings kann man gemeinsam überlegen, ob nicht auch Frauen Männerrollen übernehmen können und umgekehrt. Gerade der Tausch von angeblich „typischen" Geschlechterrollen fördert das Einfühlungsvermögen der Jugendlichen und regt zu neuen Perspektiven an. Männliche und weibliche Akteure erhalten die Gelegenheit, Situationen einmal von ihnen vollkommen fremden Standpunkten aus sehen und neu bewerten zu können.

Als weitere Improvisationsmöglichkeit können Sie die Jugendlichen auffordern, eigenständig weitere Dialoge zu verfassen, die sie anschließend zu zweit vortragen sollen. Dadurch können sie das neu erlernte Wissen über den Aufbau und die Interpretationsmöglichkeiten von Dialogen festigen und praktisch umsetzen.

▪ Symbolerklärung

Mädchen/Junge
☒ Spannungsaufbau
☐ Wendepunkt
☒ Improvisationsmöglichkeit

☐ Konfliktsituation
☐ Gefühlslage
☐ Typen und Klischeefiguren
☐ Humor

Neben den Kapitelschwerpunkten sorgen diese kurzen Auflistungen zu jedem Dialog für einen schnellen Überblick. Verschiedene Stichworte deuten Einsatz- und Variationsmöglichkeiten, Geschlecht und Alter der Figuren sowie den Verwendungszweck der jeweiligen Dialoge an.

Damit erhalten Sie konkrete Hilfestellung bei Ihrer Entscheidung, welche Dialoge thematisch und in Bezug auf Ihr individuelles Unterrichtskonzept am besten zu verwenden sind. Berücksichtigen Sie, dass diese Kennzeichnung nicht bloß angibt, wie der jeweilige Dialog zu verstehen ist und was er darstellt, sondern auch, welche Interpretationsmöglichkeiten in ihm stecken.

Mit anderen Worten: Das Stichwort „Spannungsaufbau" bedeutet nicht zwingend, dass der Dialog eine extrem spannungsgeladene Situation zeigt, sondern möglicherweise wird Spannung erst durch eine entsprechende Darstellung aufgebaut. Der Hinweis auf die „Konfliktsituation" ist ebenfalls nur richtungsweisend zu verstehen. Der jeweilige Dialogtext muss nicht unbedingt einen Konflikt präsentieren, vielleicht lässt er sich aber entsprechend vortragen? Wenn das Stichwort „Gefühlslage" markiert ist, sollten sie auch wirklich das gesamte Spektrum möglicher Emotionen berücksichtigen. Trauer, Wut, Zorn und Glück gehören ebenso dazu wie Angst, Ekel, Scham oder Reue. Versuchen Sie als Kursleiter, die Jugendlichen zu motivieren, unterschiedlichste emotionale Facetten darzustellen und gemeinsam zu besprechen. Alle aufgelisteten Begriffe sind allgemein zu verstehen und liefern Ihnen unverbindliche Anregungen und Vorschläge, welche Elemente der Darstellung, Analyse und Interpretation von besonderer Bedeutung sein könnten.

▨ Allgemeine „Spielregeln"

Auf folgende allgemeine Spielregeln sollten Sie stets achten:
- Fangen Sie nie an, bevor es still und jeder konzentriert genug ist, damit der Dialog und die dazugehörige Thematik erklärt werden können.
- Fordern Sie die Jugendlichen auf, Ihnen und auch einander zuzuhören. Einander zuhören und aussprechen lassen, ermöglicht erst den flüssigen Vortrag und den Spaß am Vorlesen bzw. Darstellen.
  Auch Zwischenfragen und Kommentare sollten erst nach dem Vorlesen erfolgen. Hier müssen Sie streng sein, weil die Konzentration des Vortragenden eine der wichtigsten Voraussetzungen ist, um seiner Rolle im Dialog gerecht zu werden.
- Kritik ist erlaubt, aber bitte nur konstruktive. Regen Sie die Jugendlichen an, die Leistungen anderer zu kommentieren oder Fragen zu stellen, wenn ihnen etwas unklar ist. Fragen zu stellen klärt nicht nur mögliche Unsicherheiten und Zweifel, sondern stärkt auch das Gefühl, aktiv beteiligt und damit in die Diskussion integriert zu sein. Unangemessene und beleidigende Kommentare sollten vermieden und sofort unterbunden werden.
- Ermöglichen Sie den Jugendlichen, aktiv in die Gestaltung der Dialoge einzugreifen. Das garantiert nicht nur eine erhöhte Aufmerksamkeit undSelbstvertrauen, sondern auch den Spaß am Vortragen. Fragen Sie die

Gruppe zwischendurch öfter einmal, ob Spielregeln, szenische Vorgaben oder auch der Inhalt eines Stückes verändert werden sollten.

• Beenden Sie einen Vortrag durch ein kurzes Schweigen oder mit einem anderen deutlichen Signal, das jeder erkennt. Sie sollten jedes Mal eine kurze Feedback-Runde einbauen: Das kann beispielsweise ein kurzes Nachwort sein, eine Anmerkung über den Dialog an sich, über die Art des Vortragens oder eine Bewertung durch die Gruppe.

■ Tipps für den Vortrag

Wenn der Text nicht nur vorgelesen, sondern auch szenisch dargestellt werden soll, ist die richtige Atmosphäre innerhalb der Gruppe wichtig.
Sie müssen versuchen, die Jugendlichen auf die Arbeit mit den Dialogen einzustimmen. Einige hilfreiche Tipps:

▶ Das Aufwärmen

Halten Sie ein kleines Aufwärmtraining ab: Sie tragen einen kurzen, einleitenden Text vor oder lassen die Jugendlichen ein Stück lesen, das auf die kommenden Inhalte einstimmt. Die Jugendlichen kommen vielleicht gerade aus dem Mathematikunterricht oder von einem anstrengenden Fußballspiel und müssen sich erst einmal ‚akklimatisieren', bevor sie sich auf die neue Aufgabe konzentrieren können.

▶ Der eigentliche Text

In dieser Phase erläutern Sie den Jugendlichen ihre Pläne für die Lerneinheit. Was wollen Sie den Jugendlichen beibringen, was sollen sie kennen lernen? Wie wichtig wird eine gute Zusammenarbeit sein, werden Sie ein Phantasie- und Stimmtraining abhalten? Um was für einen Text handelt es sich? Sind die Themen der Gruppe geläufig?

▶ Die Verarbeitung

Im Idealfall verlassen die Jugendlichen die Sitzung mit dem Gefühl, neue Erfahrungen gesammelt zu haben. Vielleicht sind sie dadurch ein wenig aufgewühlt oder möglicherweise sogar betroffen, gerührt, etc. Aus diesen Gründen sollte eine Unterrichtseinheit immer durch einen Moment der Stille oder der gemeinsamen Besinnung abgeschlossen werden. Der Kursleiter sollte die Runde stets mit abschließenden Worten auflösen.

▨ Die Nachbesprechung

Es ist sehr wichtig, dass Sie die einzelnen Übungen und die Aufführungen sorgfältig mit den Jugendlichen besprechen. Überlegen Sie sich Aufgaben und Fragen, die kontrollieren, ob die jeweilige Thematik verstanden wurde. Ihre Kritik an den Darbietungen sollte konstruktiv und stimulierend sein: Nennen Sie positive Aspekte – Anregungen, Beispiele und Verbesserungsvorschläge – die dem Einzelnen sowie der ganzen Gruppe konkrete Tipps für den nächsten Vortrag liefern und sie darüber hinaus für ein neues Thema motivieren. Die Jugendlichen sollen selbst erkennen, dass sie sich in einer Entwicklung befinden und – gerade mit Hilfe des Kursleiters – noch zahlreiche Steigerungs-möglichkeiten vorhanden sind. Korrigieren Sie objektiv und gehen Sie auf die individuellen Bedürfnisse der Jugendlichen ein. Wichtig sind begleitende ebenso wie abschließende Gespräche; gleichzeitig können Sie aber auch ein Feedback-Buch im Arbeits-raum hinterlegen, in das die Teilnehmer anonym Fragen und Anmerkungen eintragen können.

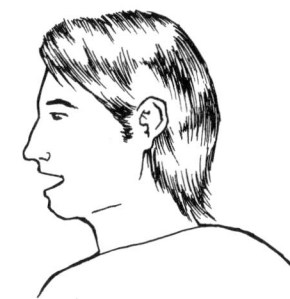

Die Dialoge
... im Überblick

Die Aufstellung liefert einen **Kurzüberblick** über die in den Dialogen behandelten Themen.

Kurze Dialoge – Die sehr kurzen Texte des Anfangskapitels eignen sich ausgezeichnet als Einstieg in eine Unterrichtsstunde zum Thema Sprechen und Zuhören. An ihnen lassen sich sehr schön unterschiedliche Möglichkeiten der Deutung eines Textes durchspielen. Zentrale Fragen der sich anschließenden Kapitel werden hier bereits in knapper Form aufgezeigt und machen Jugendliche mit dem Zugang zu dieser Art von Texten – dem mündlichen Vortrag – vertraut.

Anfang und Ende – Zwar besteht jeder Dialog aus einem Anfang und einem Ende, allerdings sind sie ohne weiteres nicht zu bestimmen. Der Dialog kann zwar aufhören und der letzte Satz gesprochen werden: Ist nun aber das Gespräch wirklich beendet oder schließt sich möglicherweise ein „stummes Spiel" an, das manchmal wirkungsvoller als das gesprochene Wort ist?

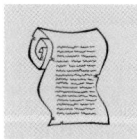

Die Botschaft des Dialogs – Ein Dialog enthält stets eine Vielzahl von Mitteilungen. In jedem Fall erhält jemand in einem Gespräch eine Botschaft, die bisweilen auch noch von einer zusätzlichen Mitteilung, einer so genannten „versteckten Botschaft", begleitet wird. Dabei ist es auch vom Hörer abhängig, ob er meint, dem Gespräch eine ganz bestimmte Aussage entnehmen zu können.

 **Der Handlungsort** – Der Ort, an dem ein Dialog stattfindet, ist entscheidend für die Deutung eines Textes. Der gleiche Dialog kann, wenn man ihn an einem anderen Ort spielen lässt, ganz andere Deutungsmöglichkeiten zulassen. Bei diesen Texten wird der Handlungsort ganz bewusst nicht vorgegeben, so dass die Gruppe unterschiedliche Variationsmöglichkeiten durchspielen kann.

 **Der Umgang mit der Stimme** – Unterschiedliche Vortragsarten können die Lesart eines Textes stark verändern. Die Texte dieses Abschnittes sollen auf vielerlei Arten vorgelesen bzw. gespielt werden. Möglichkeiten wären z.B. laut, leise, dialektal gefärbt, usw.

 **Der Rhythmus** – Jeder Text hat einen Rhythmus. In diesem Kapitel wird die Wirkung von Pausen ausprobiert und die Steigerung bzw. Verlangsamung der Sprechgeschwindigkeit innerhalb eines Dialoges trainiert.

 **Die Emotionen** – Die Wirkung eines Textes auf den Hörer lässt sich durch den gezielten Einsatz bzw. die Betonung von Gefühlen – traurig, wütend, fröhlich, gestresst usw. – stark beeinflussen. Die emotionale Gestaltung von Dialogen wird hier geübt.

 **Die Richtung** – Jeder Text hat eine Sprechrichtung. Ein Dialog ist ein Gespräch zwischen zwei Personen, gewinnt aber durch den Vortrag in der Gruppe eine neue Qualität hinzu: Die Akteure sprechen hier nicht nur miteinander, sondern auch vor und zu anderen Jugendlichen.

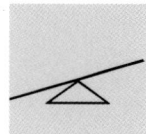

Das Machtverhältnis – In einem Dialog sprechen nicht immer gleichberechtigte Akteure miteinander. Oftmals inszenieren die Dialoge ein deutliches Machtverhältnis, das Menschen unterschiedlicher sozialer und gesellschaftlicher Positionen präsentiert. Der Dialog zeigt in seinem Verlauf, wie sich bestimmte Machtverhältnisse entwickeln, aber auch, wie sie plötzlich umschlagen können.

Die Charaktere – Dieses Kapitel beschäftigt sich mit den individuellen Merkmalen der Charaktere im Dialog. Ist die Person männlich oder weiblich, welchen Alters, was zeichnet ihren Charakter aus etc.? Die Gruppe untersucht hier, welche Auswirkungen die Eigenschaften der einzelnen Dialogpartner auf die Textaussage besitzen.

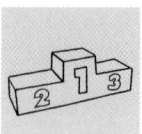

Gewinner und Verlierer – Welches Ziel verfolgen die Dialogpartner eigentlich? Gibt es in einem Gespräch eine Art Gewinner und Verlierer? Dialoge entstehen oft, weil mindestens einer der Beteiligten etwas Bestimmtes erreichen will. Nicht immer läuft das Gespräch so ab, wie ursprünglich geplant. Wie erkennt man mögliche „Hintergedanken" im Dialog und wie setzt man eigene Absichten praktisch um?

Kapitel **1**

Kurze Dialoge

Worauf muss ich achten, wenn ich spreche?

Kurze Dialoge

Worauf muss ich achten, wenn ich spreche?
Diese recht **kurzen Dialoge bieten euch einen Einstieg in das szenische Darstellen von Kommunikationssituationen**. Ihr könnt sie nachspielen und als einführende Übung auf verschiedene Weise ausprobieren. Mit diesen Kurzgesprächen könnt ihr euch auf die darauf folgenden längeren Dialoge vorbereiten und wichtige Fragen klären:

- Wo genau stelle ich mich während des Vortrags hin?
- Wie sage ich meinen Text auf?
- In welche Richtung spreche ich?
- Wie mache ich meine „Botschaft" deutlich?
- In welcher Situation befinde ich mich?
- Wie setze ich meine Stimme als Instrument ein?
- Welchem Rhythmus folgt mein Text?
- Welche Emotionen zeige ich?
- Was für eine Person spiele ich?
- Will ich etwas gewinnen durch den Dialog oder spiele ich einen Verlierer?
- Kann ich das überhaupt spielen?

Gerade weil diese ersten Dialoge so kurz sind, können sie mehrmals hintereinander vorgelesen bzw. dargestellt werden. Dabei sollte jedes Mal ein anderer Schwerpunkt gesetzt werden: Achtet zunächst auf eure Stimme, ändert anschließend eure Körpersprache, erhöht danach das Tempo eurer Sprechgeschwindigkeit etc. Außerdem können verschiedene Darsteller den gleichen Dialog sprechen. Durch diese unterschiedlichen Variationen könnt ihr erkennen, wie sich ein Dialog verändert, wenn man bestimmte Merkmale anders betont.

© Verlag an der Ruhr • Postfach 10 22 51 • 45422 Mülheim an der Ruhr • www.verlagruhr.de • ISBN 3-86072-930-6

REDEN UND ZUHÖREN ÜBEN
in Dialogen

1 | Spezialität

<u>Zwei Jungen</u>

☐ Spannungsaufbau ☐ Konfliktsituation

☐ Wendepunkt ☐ Gefühlslage

☒ Improvisationsmöglichkeit ☒ Typen und Klischeefiguren

☐ Humor

Eine „Speisekarte" (DIN-A4-Pappe, weiß, mit der Aufschrift „Speisen" o. Ä.), zwei Tische mit Stühlen, evtl. Besteck/Teller.

Vielleicht streckt einer der beiden Akteure die Hand nach dem Ober aus? Oder ist eine der Figuren selbst der Ober?

▶▶▶ Martin: **Hier steht: Spezialität des Chefs.**

Christian: **Wo?**

Martin: **Hier.**

Christian: **(liest) Spezialität des Chefs.**

Martin: **Ja.**

Christian: **Ja.**

(kurze Pause)

Martin: **Was ist es?**

Christian: **Pfannkuchen.**

Martin: **Die Spezialität des Chefs ist Pfannkuchen?**

Christian: **Genau!**

Martin: **Ist da noch was drauf auf dem Pfannkuchen?**

Christian: **Ähm ... nein.**

© Verlag an der Ruhr • Postfach 10 22 51 • 45422 Mülheim an der Ruhr • www.verlagruhr.de • ISBN 3-86072-930-6

2 | Blau

🗩 <u>Zwei Jungen</u>   ☒ Konfliktsituation

☐ Spannungsaufbau   ☐ Gefühlslage

☐ Wendepunkt   ☐ Typen und Klischeefiguren

☒ Improvisationsmöglichkeit ☐ Humor

☞ Blaue oder grüne Turnschuhe.

⇨ Übt bei diesem Dialog einmal, das Gesprächstempo selbst zu ändern. Ihr könnt langsamer oder schneller reden und damit die Sprechgeschwindigkeit beeinflussen.

▶▶▶ *Fred:* **Die blauen Turnschuhe sind cool. Woher hast du die?**

Sam: **Die sind grün.**

Fred: **Die sind blau. Das sieht man doch.**

Sam: **Sie sind grün, Mann. Guck doch!**

Fred: **Ich gucke ja.**

Sam: **Das ist echt kein blau. Das ist grün.**

Fred: **Blau. Ich habe einen Pulli in derselben Farbe.**

Sam: **Der mit dem V-Ausschnitt?**

Fred: **Ja, genau der.**

Sam: **Der ist grün, Mann.**

© Verlag an der Ruhr • Postfach 10 22 51 • 45422 Mülheim an der Ruhr • www.verlagruhr.de • ISBN 3-86072-930-6

3 | Eine Cola

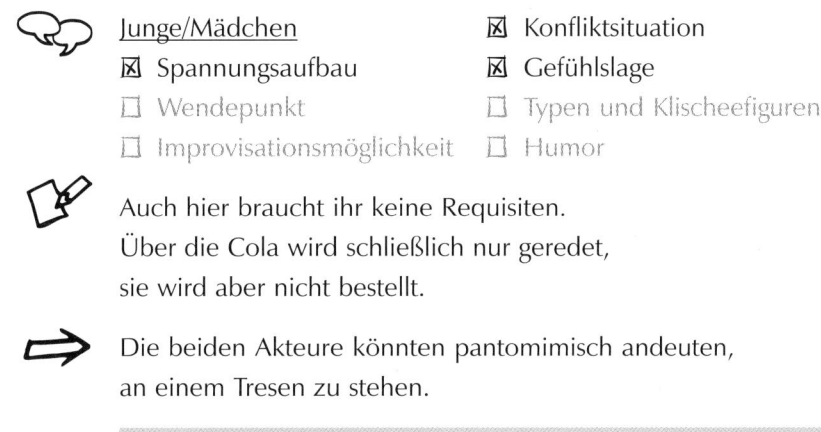

Junge/Mädchen   ☒ Konfliktsituation
☒ Spannungsaufbau   ☒ Gefühlslage
☐ Wendepunkt   ☐ Typen und Klischeefiguren
☐ Improvisationsmöglichkeit   ☐ Humor

Auch hier braucht ihr keine Requisiten.
Über die Cola wird schließlich nur geredet,
sie wird aber nicht bestellt.

Die beiden Akteure könnten pantomimisch andeuten,
an einem Tresen zu stehen.

▶ ▶ ▶   Tim: **Hast du Lust auf eine Cola?**

Pia: **Ich bitte dich. Was soll das?**

Tim: **Ob du eine Cola möchtest?**

Pia: **Lächerlich. Suchst du Streit oder so?**

Tim: **Was meinst du?**

Pia: **Wie lange kennen wir uns jetzt schon?**
        Vier Jahre? Ich hasse Cola.

© Verlag an der Ruhr • Postfach 10 22 51 • 45422 Mülheim an der Ruhr • www.verlagruhr.de • ISBN 3-86072-930-6

4 | Ein Euro

Zwei Jungen ☒ Konfliktsituation

☐ Spannungsaufbau ☐ Gefühlslage

☐ Wendepunkt ☐ Typen und Klischeefiguren

☒ Improvisationsmöglichkeit ☐ Humor

⇨ Improvisiert einfach mal. Der Dialog ist so kurz, dass ihr ihn mehrmals, aber jedes Mal ein wenig anders spielen könnt. Versucht, euer Sprechtempo und eure Stimmlage zu ändern, oder probiert aus, ob ihr unterschiedliche Launen darstellen könnt.

▶ ▶ ▶ Ben: **Kannst du mir einen Euro leihen?**

Jürgen: **Wofür?**

Ben: **Jetzt gib schon.**

Jürgen: **Wofür?**

Ben: **Ich habe Lust auf etwas Leckeres.**

Jürgen: **Na und?**

© Verlag an der Ruhr • Postfach 10 22 51 • 45422 Mülheim an der Ruhr • www.verlagruhr.de • ISBN 3-86072-930-6

REDEN UND ZUHÖREN ÜBEN
in Dialogen

5 | **Katze**

Zwei Mädchen

☐ Spannungsaufbau
☐ Wendepunkt
☒ Improvisationsmöglichkeit

☒ Konfliktsituation
☒ Gefühlslage
☐ Typen und Klischeefiguren
☐ Humor

➡ Dieses Gespräch eignet sich auch sehr gut als Improvisations-
übung. Der Lehrer bzw. der Gruppenleiter könnte den kurzen
Text beispielsweise vergrößert hochhalten oder sogar mit dem
Overhead-Projektor an die Wand werfen.
So bekommt ihr die Gelegenheit, einen euch unbekannten
Text spontan zu interpretieren. Dabei könnt ihr sehen, wie sehr
unterschiedliche Darsteller einen Dialog beeinflussen können.
Bildet Zweiergruppen und stellt den Dialog jeweils anders als
eure Vorgänger dar.

▶ ▶ ▶   *Sylvia:*   **Die Katze hat auf meine Tasche gepinkelt.**

       Lea: **Igitt!**

       Sylvia: **Das machst du sauber.**

       Lea: **Warum?**

       Sylvia: **Es ist deine Katze.**

       Lea: **Es ist deine Tasche.**

© Verlag an der Ruhr • Postfach 10 22 51 • 45422 Mülheim an der Ruhr • www.verlagruhr.de • ISBN 3-86072-930-6

6 | Lieblings ...

Mädchen/Junge   ☐ Konfliktsituation

☒ Spannungsaufbau   ☐ Gefühlslage

☐ Wendepunkt   ☐ Typen und Klischeefiguren

☒ Improvisationsmöglichkeit   ☐ Humor

⇒ Spielt mit euren Gefühlen. Sprecht den Dialog mal sehr sachlich, mal überrascht, genervt, gelangweilt etc.

▶▶▶ Jochen: **Was ist dein Lieblingstier?**

Klara: **Die Katze.**

Jochen: **Dachte ich mir. Was ist deine Lieblingsfarbe?**

Klara: **Blau.**

Jochen: **Dachte ich mir. Und was ist deine Lieblingszahl?**

Klara: **Acht.**

Jochen: **Dachte ich mir.**

Klara: **Wieso denn?**

Jochen: **Du bist ein Mädchen.**
Alle Mädchen sagen: Katze, Blau und Acht.

© Verlag an der Ruhr • Postfach 10 22 51 • 45422 Mülheim an der Ruhr • www.verlagruhr.de • ISBN 3-86072-930-6

7 | Schönes Tier

Mädchen/Junge   ☐ Konfliktsituation
☒ Spannungsaufbau   ☒ Gefühlslage
☐ Wendepunkt   ☐ Typen und Klischeefiguren
☒ Improvisationsmöglichkeit   ☐ Humor

Ein Karton, der sich für die Aufbewahrung
eines Tiers eignen würde.

In diesem Dialog erfolgt ein Wendepunkt in dem Moment,
in dem Maria erfährt, was für ein Tier Tom ihr da zeigt.
Versucht, diesen Wendepunkt durch eure Darstellung
deutlich zu machen. Wie sieht Marias Gesicht aus,
wenn sie den Namen des Tieres hört?

▶▶▶ Maria: **Das ist aber ein schönes Tier. Gehört es dir?**

Tom: **Ja.**

Maria: **Wie heißt es?**

Tom: **Boris.**

Maria: **Was für ein Tier ist das eigentlich genau?**

Tom: **Eine Bisamratte. Die größte Rattenart, die es gibt.**

Maria: **Rattenart?**

Tom: **Ja.**

Maria: **Schönen Tag noch.**

© Verlag an der Ruhr • Postfach 10 22 51 • 45422 Mülheim an der Ruhr • www.verlagruhr.de • ISBN 3-86072-930-6

8 | **Pullover**

<u>Zwei Mädchen</u>   ☐ Konfliktsituation
☐ Spannungsaufbau   ☐ Gefühlslage
☐ Wendepunkt   ☐ Typen und Klischeefiguren
☒ Improvisationsmöglichkeit   ☐ Humor

Ein Pullover. (Man kann allerdings auch ein
anderes Kleidungsstück benutzen und den Dialog
ein wenig abändern.)

Überlegt, wie die Personen ihren Text sprechen können.
Tabea kann ironisch, freundlich, bewundernd, neidisch etc.
reden. Probiert verschiedene Möglichkeiten aus und
besprecht, wie sich dadurch die Aussage des Dialogs ändert.

▶ ▶ ▶   *Tabea:*   **Schöner Pullover.**

     Jana: **Von meiner Schwester.**

   Tabea: **Schöne Farbe.**

     Jana: **Ein bisschen ausgewaschen.**

   Tabea: **Steht dir gut.**

     Jana: **Findest du?**

© Verlag an der Ruhr • Postfach 10 22 51 • 45422 Mülheim an der Ruhr • www.verlagruhr.de • ISBN 3-86072-930-6

9 | Kuss

Mädchen/Junge   □ Konfliktsituation
□ Spannungsaufbau   ☒ Gefühlslage
□ Wendepunkt   □ Typen und Klischeefiguren
☒ Improvisationsmöglichkeit   ☒ Humor

⇨ Überlegt euch, welche Position ihr beim Sprechen einnehmt. Der Dialog kann im Stehen gespielt werden. Oder aber Mark rennt wie ein Besessener hinter Sophie her, während sie miteinander reden.

▶▶▶   *Mark:*   **Darf ich dir einen Kuss geben?**

     Sophie: **Lieber nicht.**

     Mark: **Bitte. Es ist für eine Wette.**
           Wenn ich dich küsse,
           kriege ich einen
           Milchshake.

     Sophie: **Und was kriege ich?**

     Mark: **Einen Kuss von mir.**

     Sophie: **Davon kann ich**
           mir nichts kaufen.

© Verlag an der Ruhr • Postfach 10 22 51 • 45422 Mülheim an der Ruhr • www.verlagruhr.de • ISBN 3-86072-930-6

10 | Bier

 Zwei Jungen ☒ Konfliktsituation
☐ Spannungsaufbau ☒ Gefühlslage
☐ Wendepunkt ☐ Typen und Klischeefiguren
☒ Improvisationsmöglichkeit ☐ Humor

Ein Getränkekasten.

In diesem Dialog verbirgt sich auf jeden Fall eine Entwicklung. Am Anfang ist Rudi noch milde gestimmt, aber am Ende stark verärgert. Diese Entwicklung müsst ihr durch euren Vortrag bzw. eure Darstellung deutlich machen.

▶▶▶ *Rudi:* **Bierchen?**

Ben: **Eine Cola, bitte.**

Rudi: **Also ein Bier.**

Ben: **Nein, eine Cola.**

Rudi: **Jetzt sei kein Spielverderber.**

Ben: **Ich habe aber Lust auf eine Cola.**

Rudi: **Wir wollten doch feiern, mal so richtig unter uns Männern. Komm schon.**

Ben: **Ich habe einfach Durst.**

Rudi: **Das kannst du nicht machen. Du lässt mich hängen. Was bist du für ein Freund? Mann, es ist Freitagmittag und du willst eine Cola trinken?**

Ben: **Ich hab halt Durst.**

Rudi: **Dann nimm dir ein Bier. Sei kein Langweiler.**

Ben: **Dann gib mir ein Bier.**

Rudi: **Ist jetzt auch egal. „Dann gib mir ein Bier." Ganz oder gar nicht. Toller Freund bist du.**

© Verlag an der Ruhr • Postfach 10 22 51 • 45422 Mülheim an der Ruhr • www.verlagruhr.de • ISBN 3-86072-930-6

Kapitel **2**

Anfang und Ende

Wie fange ich einen Dialog an
und wann beende ich ihn?

Anfang und Ende

Wie fange ich einen Dialog an und wann beende ich ihn?

In diesem ersten Kapitel müsst ihr euch vor dem Lesen bzw. Vortragen der
Dialoge einige Fragen stellen und sie für euch beantworten: Wie beginnt ihr
mit der Darstellung? Wann hört das Gespräch eigentlich auf? Wie sagt ihr
euren ersten Satz? Kommt ihr einfach angelaufen, fangt ihr plötzlich an zu
reden oder habt ihr euch schon vorher einen Einstieg in den Dialog ausge-
dacht, möglicherweise auch, indem ihr etwas Bestimmtes tut? Ihr könnt
natürlich auch mitten in ein Gespräch platzen und laut euren Text sprechen.
Auch das hat eine bestimmte Wirkung. Versucht es einfach mal!

Die Dialoge fangen oft ganz unvermittelt an und bringen sofort das zentrale
Problem zur Sprache. Nicht nur der Gesprächsanfang ist wichtig, sondern
auch das Ende. Wie beendet ihr ein Gespräch? Selbst wenn der gesprochene
Dialog endet, hört das Gespräch dann auch schon auf? Oder folgt nun ein
„stummes Spiel"? Ein „stummes Spiel" kann die Atmosphäre eines Gespräches
viel deutlicher beeinflussen als die einzelnen Sätze. Denkt nur mal an die
eisige Stille in einem Streitgespräch.

Der Dialog 11 („In den Finger geschnitten") zeigt, wie ein Dialog zwar
beendet wird, die Kommunikationssituation aber noch weitergeht. Als
Improvisationsaufgabe könntet ihr euch z.B. in Zweier-Gruppen verschiedene
Möglichkeiten ausdenken, wie das Gespräch aufhört. Beim Dialog 12 „Aus
und vorbei" solltet ihr überlegen, unter welchen Bedingungen das Gespräch
noch länger dauern könnte. Was macht Leopold eigentlich zum Schluss und
wie reagiert Ingrid darauf? Sie stehen zusammen an einer Straßenbahnstation,
können also beide nicht weglaufen. Wie endet dieses Gespräch? Im Dialog 13
„Abschied" bemerkt ihr vielleicht die merkwürdige Stimmung zwischen den
Sprechenden. Wird hier Abschied genommen oder nicht? Wo befinden sich
die Figuren, wie spät ist es eigentlich? Handelt es sich um einen Abschied
nach einer langen Party, am Morgen danach? Können beide sich vielleicht
nicht in die Lage des anderen hineinversetzen und bleiben genervt stehen?
Anfang und Ende eines Dialoges müssen jedenfalls gut überlegt werden und
lassen sich verschieden interpretieren.

© Verlag, an der Ruhr • Postfach 10 22 51 • 45422 Mülheim an der Ruhr • www.verlagruhr.de • ISBN 3-86072-930-6

11 | In den Finger geschnitten

© Verlag an der Ruhr • Postfach 10 22 51 • 45422 Mülheim an der Ruhr • www.verlagruhr.de • ISBN 3-86072-930-6

Zwei Mädchen

☒ Spannungsaufbau
☐ Wendepunkt
☒ Improvisationsmöglichkeit

☐ Konfliktsituation
☒ Gefühlslage
☐ Typen und Klischeefiguren
☐ Humor

Ein Pflaster oder ein Verband.

Wie kann der Eröffnungssatz gesagt werden? Der Dialog beginnt ziemlich unvermittelt. Eine eindrucksvollere Wirkung bekommt der erste Satz sicherlich, wenn die Personen mit scharfen Gegenständen hantieren.

▶▶▶ Miriam: *Und auf einmal hab ich mir in den Finger geschnitten. Und das hat geblutet. Die ganze Anrichte war rot.*

Frauke: *Hatte ich auch schon mal. Es spritzte in alle Richtungen.*

Miriam: *Ich hatte die ganze Woche so ein Brennen im Finger.*

Frauke: *Nur so ein Brennen? Das ist noch gar nichts. Meine ganze Hand hat richtig pulsiert. Das tat höllisch weh.*

Miriam: *Ich musste die Wunde bei einem Arzt desinfizieren lassen.*

Frauke: *Ja ja, ich auch. Hat aber nicht geholfen. Meine Hand schwoll an und ich lag mit Fieber im Bett. Und meine Hand wurde immer dicker. Dann kam lauter Eiter heraus. Erst war er noch durchsichtig, aber danach wurde er gelb und grün. Ich bin so was von ausgerastet.*

Miriam: *Wirklich?*

Frauke: *Glaubst du mir nicht? Frag mal meine Mutter.*

Miriam: *Ich glaub dir ja.*

Frauke: *Na also. Ich meine, du beschwerst dich über einen Schnitt im Finger. Ich habe immer noch Albträume von dem grünen Eiter im Finger.*

12 | Aus und vorbei

© Verlag an der Ruhr · Postfach 10 22 51 · 45422 Mülheim an der Ruhr · www.verlagruhr.de · ISBN 3-86072-930-6

Junge/Mädchen   ☒ Konfliktsituation
☒ Spannungsaufbau   ☐ Gefühlslage
☐ Wendepunkt   ☐ Typen und Klischeefiguren
☒ Improvisationsmöglichkeit   ☐ Humor

Evtl. ein Requisit, das eine Straßenbahnstation andeutet.

Leopold scheint mit seinem letzten Satz etwas mitteilen zu wollen. Überlegt euch, wie der Dialog weitergehen könnte. Vielleicht könntet ihr auch versuchen, „stumm" zu spielen. Wegrennen kann Ingrid jedenfalls nicht, weil sie wie Leopold auf die Straßenbahn wartet.

▶ ▶ ▶ Leopold: **Ist es aus?**

Ingrid: **Was?**

Leopold: **Du guckst so traurig!**
Hast du mit deinem Freund Schluss gemacht?

Ingrid: **Ich stehe hier nur und warte auf die Straßenbahn.**

Leopold: **Ich dachte, es wäre vorbei.**

Ingrid: **Nein. Ich habe nicht mal einen Freund.**

Leopold: **Ich habe es nur vermutet.**

Ingrid: **Ist etwa bei dir Schluss?**

Leopold: **Ja! Bei mir zufällig schon. Woher weißt du das denn?**

Ingrid: **Ist mir so durch den Kopf gegangen.**

Leopold: **Du kennst dich aber gut mit Menschen aus. Wow!**
Dass du noch keinen Freund hast. Scheint mir kein Zufall zu sein, dass wir uns hier über den Weg laufen. Wie heißt du?

Ingrid: **Das geht dich nichts an.**

Leopold: **Ich heiße Leopold. Schöner Name, nicht wahr?**

13 | Abschied

© Verlag an der Ruhr • Postfach 10 22 51 • 45422 Mülheim an der Ruhr • www.verlagruhr.de • ISBN 3-86072-930-6

Mädchen/Junge

☐ Spannungsaufbau

☐ Wendepunkt

☒ Improvisationsmöglichkeit

☐ Konfliktsituation

☐ Gefühlslage

☐ Typen und Klischeefiguren

☐ Humor

1. Zunächst einmal wirkt der Dialog sehr einfach und nichtssagend. Nichts scheint zu passieren, man erkennt keinen Konflikt und keine deutliche Spannungssteigerung. Das muss allerdings nicht bedeuten, dass der Text langweilig gespielt werden soll. Überlegt euch, wie die beiden Personen auftreten: Sie könnten z.B. so schwer bepackt sein, dass sie eigentlich keine Zeit für eine richtige Verabschiedung haben, weil beide jeden Moment unter der Last zusammenbrechen können.

2. Ihr solltet euch fragen: Wann findet dieser Abschied eigentlich statt? Vielleicht nach einer Party früh am Morgen? Oder spät am Abend, nachdem man gemeinsam unterwegs war?

▶ ▶ ▶   *Ruben:*   **Das hat Spaß gemacht.**

      Johanna: **Finde ich auch.**

      Ruben: **Sehr schön.**

      Johanna: **Ja.**

      Ruben: **Man sieht sich.**

      Johanna: **Bestimmt.**

      Ruben: **Ganz sicher.**

      Johanna: **Ja.**

      Ruben: **Grüß Martin von mir.**

      Johanna: **O.K., mach ich.**

      Ruben: **Bis dann.**

      Johanna: **Tschüss.**

14 | Blödmann

© Verlag an der Ruhr • Postfach 10 22 51 • 45422 Mülheim an der Ruhr • www.verlagruhr.de • ISBN 3-86072-930-6

Mädchen/Junge   ☒ Konfliktsituation
☐ Spannungsaufbau   ☐ Gefühlslage
☐ Wendepunkt   ☐ Typen und Klischeefiguren
☒ Improvisationsmöglichkeit   ☒ Humor

1. Bei diesem Text ist der Eröffnungssatz ein ganz schön harter Brocken für Ferdinand. Daher ist es wichtig, dass dieser erste Satz auch entsprechend betont wird. Sprecht ihn auf verschiedene Arten und findet heraus, welcher Tonfall der richtige ist. Soll es lieb, böse, schreiend oder traurig klingen? Am besten, ihr probiert es einfach aus.

2. Wenn Lotte all die Leute aufzählt, die Ferdinand für einen Blödmann halten, könnten diese ganzen Personen auch wirklich nacheinander erscheinen. Abhängig von der Geschwindigkeit, in der sie auftreten, muss der Dialog möglicherweise etwas langsamer gesprochen werden.

▶▶▶ Lotte: *Und darum halte ich dich für einen Blödmann.*

(Pause)

Ferdinand: *Das ist deine Meinung.*

Lotte: *Und die von vielen anderen.*

Ferdinand: *Oh. Und wer soll das sein?*

Lotte: *Olivia. (kurze Pause) Jupp, Georg, Mandy, Stefanie, Vera, Claire, Tanja, Monika, Yvonne, Anna, Edith, Romina, Sabine und Annabelle. (Pause) Das ganze Volleyballteam. Bastian, Walter, Vicki, Larissa, Annette, Babette, Lisette, Jenny, Jarek und Laura.*

Ferdinand: *Das sagt noch gar nichts.*

REDEN UND ZUHÖREN ÜBEN
in Dialogen

15 | Ein beginnendes Gespräch

Mädchen/Junge ☒ Konfliktsituation
☐ Spannungsaufbau ☒ Gefühlslage
☐ Wendepunkt ☐ Typen und Klischeefiguren
☒ Improvisationsmöglichkeit ☐ Humor

⇨ Bei diesem Dialog könnt ihr unterschiedliche Sprechgeschwindigkeiten ausprobieren. Wiederholt den Dialog und sprecht ihn immer etwas schneller und lauter. Dabei könnt ihr auch den Eröffnungssatz inhaltlich etwas verändern, indem ihr die angegebene Wartezeit steigert.
Beispiel: Wir sitzen hier jetzt schon seit 35 Minuten und du hast noch kein Wort gesagt (danach seit einer Stunde, seit zwei Stunden usw.).

▶ ▶ ▶ Martha: **Wir sitzen hier jetzt schon seit einer halben Stunde und du hast noch kein Wort gesagt.**

Willi: **Du sagst doch auch nichts.**

Martha: **So geht das ständig. Wenn ich nicht anfange zu reden, dann redet niemand.**

Willi: **Du übertreibst.**

Martha: **Ich muss immer die Erste sein.**

Willi: **Ich bin auch manchmal der Erste.**

Martha: **Ach ja?**

Willi: **Ja.**

Martha: **Nenn mir ein Beispiel. (Kurze Pause) Dir fällt keins ein, oder?**

Willi: **Ich kann dir so spontan kein Beispiel nennen. Es passiert aber oft genug.**

Martha: **O.K., dann fang an. Fang ein Gespräch an.**

Willi: **So kann ich das nicht.**

© Verlag an der Ruhr • Postfach 10 22 51 • 45422 Mülheim an der Ruhr • www.verlagruhr.de • ISBN 3-86072-930-6

16 | Danny ist tot

 <u>Zwei Jungen</u>

☒ Spannungsaufbau
☒ Wendepunkt
☒ Improvisationsmöglichkeit

☐ Konfliktsituation
☒ Gefühlslage
☐ Typen und Klischeefiguren
☒ Humor

➡ Zunächst scheint der Eröffnungssatz etwas wirklich Trauriges mitzuteilen. Ihr könnt euch also überlegen, wie man ihn am besten darstellt. Erscheinen die Darsteller trauernd, möglicherweise sogar schwarz gekleidet? Schleichen sie deprimiert und niedergeschlagen herein? Ihr könnt hier sehr melodramatisch und übertrieben agieren.

▶▶▶ Jürgen: **Danny ist tot.**

Adrian: **Wurde aber auch Zeit.**

Jürgen: **Danny!**

Adrian: **Endlich sind wir das Tier los.**

Jürgen: **Was soll das? Danny! Den hat mir Oma geschenkt.**

Adrian: **Die Frau verschenkt immer so bescheuerte Sachen.**

Jürgen: **Seit wann findest du Danny bescheuert?**

Adrian: **Danny stinkt wie ein alter Abfluss.**

Jürgen: **Danny riecht sehr gut.**

Adrian: **Was hat man von so einem Tier?**

Jürgen: **Ich liebe Danny. Er ist sehr lieb und schlau.**

Adrian: **Es ist bewiesen, dass Fische ein Gedächtnis von einer Sekunde haben.**

Jürgen: **Was weißt denn du schon? Danny ist der schlauste Fisch, den ich kenne.**

Adrian: **Den du kanntest. Sollen wir ihn die Toilette runterspülen?**

© Verlag an der Ruhr • Postfach 10 22 51 • 45422 Mülheim an der Ruhr • www.verlagruhr.de • ISBN 3-86072-930-6

17 | Der schwarze Regenschirm

© Verlag an der Ruhr • Postfach 10 22 51 • 45422 Mülheim an der Ruhr • www.verlagruhr.de • ISBN 3-86072-930-6

Zwei Männer

☐ Spannungsaufbau
☐ Wendepunkt
☒ Improvisationsmöglichkeit

☒ Konfliktsituation
☐ Gefühlslage
☒ Typen und Klischeefiguren
☐ Humor

➡ Diese Szene hat kein richtiges Ende, sondern endet offen. Otto versucht, mit seiner letzten Bemerkung Albert etwas mitzuteilen. Aber wie ist das gemeint? Als Beleidigung? Oder als nette Geste? Überlegt euch gut, wie Albert darauf reagieren sollte und wie Otto seine Sätze betont.

▶▶▶ *Albert:* **Ist dies das Fundbüro?**

Otto: **Aber sicher.**

Albert: **Ich habe meinen Regenschirm verloren.**

Otto: **Wie unangenehm.**

Albert: **Das kann man wohl sagen. Jetzt werde ich nass.**

Otto: **Und das wollen wir nicht.**

Albert: **Nein.**

(Sie lachen. Pause.)

Albert: **Haben Sie ihn zufällig gefunden?**

Otto: **Einen Regenschirm?**

Albert: **Einen schwarzen Regenschirm.**

Otto: **Nein, den habe ich nicht.**

Albert: **Sollten Sie nicht wenigstens mal nachsehen, ob er da ist?**

Otto: **Nein, ich habe wirklich keinen hier.**

Albert: **Vielleicht hat einer Ihrer Kollegen ihn gefunden?**

Otto: **Nein, unmöglich. Es tut mir Leid. Es wäre natürlich angenehmer, wenn wir ihn gefunden hätten.**

Albert: **Ja, sehr angenehm sogar.**

Otto: **Schade, jetzt werden Sie nass.**

Albert: **Sei's drum. Auf jeden Fall vielen Dank für die Mühe.**

   (Albert will fast weggehen.)

Otto: **Ich habe allerdings einen gelben Regenschirm.**

© Verlag an der Ruhr • Postfach 10 22 51 • 45422 Mülheim an der Ruhr • www.verlagruhr.de • ISBN 3-86072-930-6

18 | Bombe

© Verlag an der Ruhr • Postfach 10 22 51 • 45422 Mülheim an der Ruhr • www.verlagruhr.de • ISBN 3-86072-930-6

Zwei Jungen   ☐ Konfliktsituation

☒ Spannungsaufbau   ☒ Gefühlslage

☐ Wendepunkt   ☐ Typen und Klischeefiguren

☒ Improvisationsmöglichkeit   ☐ Humor

⇒ **1.** Zu Beginn des Dialogs ist die Aktion schon in vollem Gange. Die Spieler sollten sich genau überlegen, wie sie auftreten. Kann man plötzlich das Licht anmachen? Wie sprecht ihr euren ersten Satz? Auch das Ende ist offen. Die Szene scheint im Grunde ewig weitergehen zu können: Sie hört genauso auf, wie sie anfängt.

⇒ **2.** Vielleicht könnt ihr zwei Taschenlampen einsetzen, die plötzlich angeknipst werden. Wenn die Darsteller flüstern, wirkt die Szene bestimmt vollkommen anders, als wenn sie laut schreien.

▶▶▶ *Benni:*   **O.K.! … Ja! … Ja, wirf!**

Holger: **O.K.!**

Benni: **Komm schon, Mann, wirf!**

Holger: **Ach ja.**

Benni: **Dahin?**

Holger: **Ja, dahin ist gut. Los!**

Benni: **Oder dahin, vielleicht ist dahin besser?**

Holger: **Dahin ist auch gut, sogar besser. Wirf ihn dorthin. Jetzt!**

Benni: **Soll ich noch etwas rufen, sobald ich werfe?**

Holger: **Irgendwas rufen? Ruf: Wir lassen uns nicht herumschubsen!**

Benni: **Wir lassen uns nicht herumschubsen!**

Holger: **Genau!**

Benni: **Ich dachte mehr an einen Schlachtruf.**

Holger:	**O.K. Du wirfst und rufst: Nehmt das!**
Benni:	**Nehmt das! Nehmt das!**
Holger:	**Nehmt das!**
Benni:	**Gut für euch!**
Holger:	**Wir lassen uns nicht herumschubsen!**
Benni:	**Nie mehr!**
	(Kurze Pause)
Holger:	**O.K., wirf!**
Benni:	**Jetzt?**
Holger:	**Ja, jetzt ist gut.**
Benni:	**Dahin?**

© Verlag an der Ruhr • Postfach 10 22 51 • 45422 Mülheim an der Ruhr • www.verlagruhr.de • ISBN 3-86072-930-6

REDEN UND ZUHÖREN ÜBEN
in Dialogen

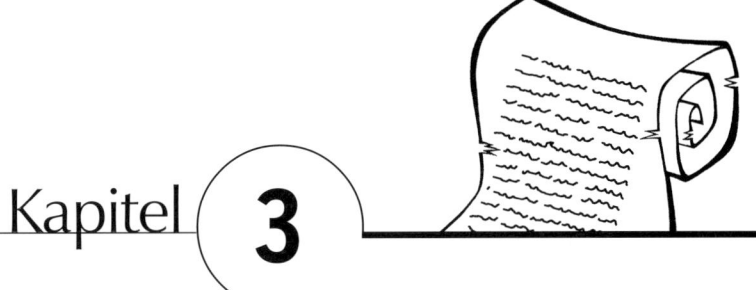

Kapitel **3**

Die Botschaft
des Dialogs

Was will ich eigentlich sagen?

Die Botschaft des Dialogs

Was will ich eigentlich sagen?

Zwischen Anfang und Ende des Dialogs liegt die Botschaft verborgen. Was wollen die Charaktere einander eigentlich sagen? Oder gibt es nur einen Sprecher und einen geduldigen Zuhörer? Wie läuft der Dialog ab?

Als Darsteller einer Figur müsst ihr euch fragen, was die genaue Bedeutung des Dialoges ist. Enthält die Mitteilung einer Person tatsächlich eine Botschaft oder wird einfach nur geredet – ohne tieferen Sinn? Führt das Gespräch geradewegs auf einen bestimmten Punkt hin? Oder ist ein so genannter „Wendepunkt" vorhanden, der die Botschaft entscheidend verändert? Worauf will Person A hinaus und was beabsichtigt Person B? Will die eine möglicherweise etwas auf Kosten der anderen erreichen?

Der Dialog 19 „Schokolade" beispielsweise zeigt zuerst, dass Nora kein wirkliches Interesse an Ernsts Gesellschaft hat. Scheinbar geht es ihr wohl eher um seine Süßigkeiten, obwohl: Am Ende des Gespräches verlangt sie doch noch etwas anderes …

Mit anderen Worten: Ein Dialog enthält nicht nur **eine** Botschaft, sondern kann aus **verschiedenen** Aussagen bestehen. Mehrere Faktoren steuern dabei das Gespräch. Sind die individuellen Charaktermerkmale Noras und Ernsts besonders wichtig oder ist es vielleicht der besondere Moment, in dem sie sich treffen?

Ein Dialog und seine Gesamtaussage werden durch viele verschiedene Faktoren beeinflusst, die berücksichtigt werden müssen. Auch hier müsst ihr wieder gut überlegen: Wie alt sind eurer Meinung nach die Figuren, wo spielt sich der Dialog ab, wie spät ist es, wie ist die Beziehung der Figuren zueinander? Die Tipps vor jedem der folgenden Dialoge versuchen, euch bei diesen Fragen ein wenig zu helfen.

© Verlag an der Ruhr • Postfach 10 22 51 • 45422 Mülheim an der Ruhr • www.verlagruhr.de • ISBN 3-86072-930-6

19 | Schokolade

3

 Mädchen/Junge   ☒ Konfliktsituation
 ☐ Spannungsaufbau   ☒ Gefühlslage
 ☐ Wendepunkt   ☐ Typen und Klischeefiguren
 ☒ Improvisationsmöglichkeit   ☐ Humor

⇨ Die Botschaft des Dialogs kann sich stark verändern, abhängig vom Alter der beiden Gesprächspartner. Ist Nora die Ältere, dann wirkt sie möglicherweise eher mütterlich. Ist Ernst erwachsen und Nora z.B. noch ein Kind, ergibt sich eine vollkommen andere Situation. Probiert einfach verschiedene Möglichkeiten aus!

▶▶▶ *Nora:* **So, bist du endlich da?!**

Ernst: **Hast du mich vermisst?**

Nora: **Ha! Dich vermissen? Ich finde es schade, dass du da bist.**

Ernst: **Ich hab was für dich.**

Nora: **Ich will es nicht.**

Ernst: **Schokolade.**

Nora: **Na dann gib schon. Du Trottel.**

Ernst: **Sie ist in meiner Tasche.**

Nora: **Jajaja, ich verstehe schon. Ich nehme sie mir schon selbst. (Sie nimmt den Riegel und beginnt, ihn eher schlecht gelaunt aufzuessen.)**

Ernst: **Schmeckt sie gut?**

Nora: **Ach, Schokolade ist Schokolade.**

Ernst: **Sie ist mit Haselnüssen.**

Nora: **Glückwunsch.**

(Pause)

© Verlag an der Ruhr • Postfach 10 22 51 • 45422 Mülheim an der Ruhr • www.verlagruhr.de • ISBN 3-86072-930-6

Nora: **Musst du nicht weg?**

Ernst: **Willst du, dass ich gehe?**

Nora: **Das musst du selbst wissen.**

         (Sie sitzen eine Weile still da.)

Nora: **Nun geh schon.**

Ernst: **Soll ich morgen wieder kommen?**

Nora: **Muss das sein?**

Ernst: **Na ja. Tschüss.**

Nora: **Kriege ich keinen Kuss?**

         (Ernst gibt Nora einen Kuss.)

Ernst: **Bis morgen.**

Nora: **Du kommst ja doch nicht.**

         (Stille)

Ernst: **Ich liebe dich.**

Nora: **Ja ja.**

© Verlag an der Ruhr • Postfach 10 22 51 • 45422 Mülheim an der Ruhr • www.verlagruhr.de • ISBN 3-86072-930-6

20 | Erdnussbutter

Junge/Mädchen
- [ ] Spannungsaufbau
- [ ] Wendepunkt
- [x] Improvisationsmöglichkeit

- [x] Konfliktsituation
- [ ] Gefühlslage
- [ ] Typen und Klischeefiguren
- [ ] Humor

➡ Die Atmosphäre wirkt leicht angespannt. Ihr könntet ein Glas Erdnussbutter so hoch oder schwer erreichbar hinstellen, dass Jan nicht herankommt. Anschließend könntet ihr im Dialog andeuten, dass Pia das absichtlich getan hat.

▶▶▶ **Pia:** *Worauf zeigst du denn da?*

Jan: *Erdnussbutter.*

Pia: *Dann frag doch einfach.*

Jan: *Ich hatte den Mund voll.*

Pia: *Dann warte kurz.*

Jan: *Ich muss gleich weg. Ich habe es eilig.*

Pia: *Er mit seinem Finger. Immer dieser Finger.*

Jan: *Lass mal. Jetzt hab ich keine Lust mehr.*

© Verlag an der Ruhr • Postfach 10 22 51 • 45422 Mülheim an der Ruhr • www.verlagruhr.de • ISBN 3-86072-930-6

21 | Trost

Junge/Mädchen

☐ Spannungsaufbau
☒ Konfliktsituation
☐ Wendepunkt
☒ Gefühlslage
☒ Improvisationsmöglichkeit
☐ Typen und Klischeefiguren
☐ Humor

⇒ Hier könnt ihr verschiedene Gefühle in den Dialog einbauen. Jens könnte z.B. aggressiv werden, wenn er verlangt, dass Cecile über ihre Probleme redet. Oder aber Cecile ist von Anfang an sehr verärgert und genervt. Vielleicht ist sie die Dominante und Jens sucht nur irgendwelche Gründe, um den körperlichen Kontakt mit ihr zu vermeiden.

▶▶▶ Cecile: **Kannst du mich trösten?**

Jens: **Warum?**

Cecile: **Ich fühle mich schlecht.**

Jens: **Warum?**

Cecile: **Tröste mich!**

Jens: **Ich will wissen, warum.**

Cecile: **Darum geht es jetzt nicht! Ich will einfach, dass du mich tröstest.**

Jens: **Ich will wissen, warum. Rede! Das ist gut für dich.**

Cecile: **Ich will nicht reden.**

Jens: **Es hilft. Sonst schluckst du es nur runter. Dann kriegst du Magengeschwüre und Kopfschmerzen. Es staut sich alles an. Sehr ungesund.**

Cecile: **Jetzt leg eben deinen Arm um mich.**

Jens: **Oder du kannst nicht mehr scheißen. Das hatte unser Nachbar. Er hat auch alles runtergeschluckt. Wochen nicht scheißen können. Ging einfach nicht. Stunden saß er auf dem Klo.**

© Verlag an der Ruhr • Postfach 10 22 51 • 45422 Mülheim an der Ruhr • www.verlagruhr.de • ISBN 3-86072-930-6

REDEN UND ZUHÖREN ÜBEN
in Dialogen

Cecile:	**Was hat das mit mir zu tun?**
Jens:	**Ich warne dich. Zum Schluss kam alles oben raus. Kannst du dir das vorstellen? Große Brocken durch deine Kehle und deinen Mund.**
Cecile:	**Bah!**
Jens:	**Also erzählst du es mir am besten.**
Cecile:	**Ja.**
Jens:	**Große Brocken!**
Cecile:	**Eigentlich ist nichts.**
Jens:	**Ich würde mit irgendwas rausrücken, wenn ich du wäre. Denk dran – die eigene Scheiße im Mund!**
Cecile:	**Jaja.**
Jens:	**Du kommst doch zu mir, wenn du was hast?**

© Verlag an der Ruhr • Postfach 10 22 51 • 45422 Mülheim an der Ruhr • www.verlagruhr.de • ISBN 3-86072-930-6

22 | Helfen

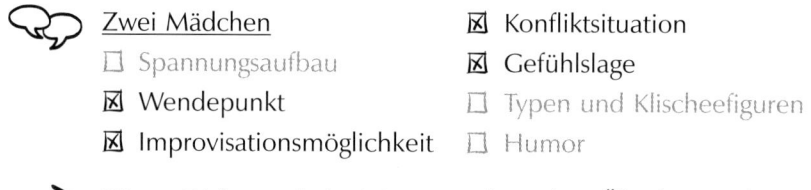

Zwei Mädchen

☐ Spannungsaufbau
☒ Wendepunkt
☒ Improvisationsmöglichkeit

☒ Konfliktsituation
☒ Gefühlslage
☐ Typen und Klischeefiguren
☐ Humor

⇒ Dieser Dialog enthält einige Wendepunkte. Überlegt euch, wie ihr sie darstellt. Wie können mögliche Stimmungswechsel aussehen? Probiert unterschiedliche Gefühlslagen und Launen aus.

Simone: Ich finde das sehr nett von dir, aber es muss wirklich nicht sein.

Dagmar: Ich tu es gern.

Simone: Ich kann es auch alleine.

Dagmar: Warum kannst du nichts annehmen? Du darfst dich auch einmal verwöhnen lassen.

Simone: Ja, schon.

Dagmar: Du musst auch lernen, Dinge anzunehmen.

Simone: Ich weiß, dass du es gut meinst, aber ich mach es lieber selbst.

Dagmar: Mach ich es vielleicht nicht gut genug?

Simone: Doch natürlich. Es ist bloß … Es macht mich ganz verrückt, wenn jemand die ganze Zeit um mich rumschwirrt und mir vor die Füße läuft. Damit hilfst du mir nicht.

Dagmar: Ich lauf dir also vor die Füße, o.k! Na gut, dann geh ich eben. Ich tu noch mal was für andere. Man arbeitet sich krumm für jemanden und das hat man dann davon.

Simone: So habe ich es nicht gemeint.

© Verlag an der Ruhr • Postfach 10 22 51 • 45422 Mülheim an der Ruhr • www.verlagruhr.de • ISBN 3-86072-930-6

Dagmar:	**Du musst mich nicht schonen. Ich verstehe schon. Wer will schon so einen Hanswurst wie mich, der einem vor die Füße läuft? Davon würde ich auch verrückt werden. Tschüss dann.**
Simone:	**Du musst doch nicht direkt weggehen.**
Dagmar:	**Man sieht sich mal wieder.**
Simone:	**Jetzt bleib doch noch.**
Dagmar:	**Nein. Ich hab verstanden. Ich weiß, wann ich überflüssig bin. Weißt du, ich hatte eben das Gefühl, dass wir Freundinnen werden könnten. Sogar sehr gute Freundinnen. Schade. Daraus wird wohl nichts.**
Simone:	**Wir können doch immer noch Freundinnen werden.**
Dagmar:	**Von mir aus aber nicht mehr.**
Simone:	**Komm schon. Du kannst sehr gut streichen. Warum kommst du nicht Donnerstag zum Helfen?**
Dagmar:	**Donnerstag? Da kann ich den ganzen Tag.**

© Verlag an der Ruhr • Postfach 10 22 51 • 45422 Mülheim an der Ruhr • www.verlagruhr.de • ISBN 3-86072-930-6

23 | Die hässliche Pflanze

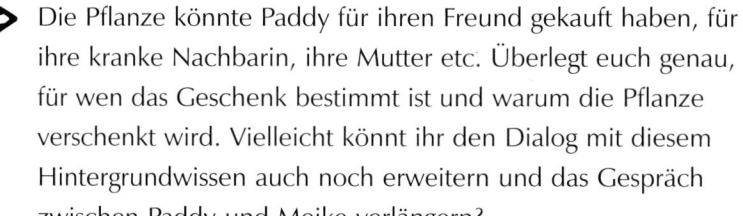

Zwei Mädchen ☒ Konfliktsituation
☐ Spannungsaufbau ☐ Gefühlslage
☐ Wendepunkt ☐ Typen und Klischeefiguren
☒ Improvisationsmöglichkeit ☒ Humor

Irgendeine Topfpflanze, allerdings eine möglichst hässliche.

Die Pflanze könnte Paddy für ihren Freund gekauft haben, für ihre kranke Nachbarin, ihre Mutter etc. Überlegt euch genau, für wen das Geschenk bestimmt ist und warum die Pflanze verschenkt wird. Vielleicht könnt ihr den Dialog mit diesem Hintergrundwissen auch noch erweitern und das Gespräch zwischen Paddy und Meike verlängern?

▶ ▶ ▶   Paddy: *Ich habe eine Pflanze gekauft. Ich war unentschlossen zwischen der hier und Krokussen, aber Krokus klingt so dumm.*

Meike: *Sie sieht irgendwie ärmlich aus.*

Paddy: *Ja, das schon.*

Meike: *Vielleicht hättest du doch besser einen Kaktus kaufen sollen. Oder Efeu.*

Paddy: *Ja.*

Meike: *Die sieht einfach nicht aus. Vielleicht kannst du die Pflanze noch umtauschen?*

Paddy: *Ja.*

Meike: *Dann musst du aber jetzt gehen. Die Läden machen nämlich in zehn Minuten zu. War sie teuer?*

Paddy: *Ja.*

Meike: *Warum hast du das bloß gemacht? Irgendwie ist es auch wieder lustig. Allerdings schade, dass es von dir nicht als Scherz gedacht war.*

© Verlag an der Ruhr • Postfach 10 22 51 • 45422 Mülheim an der Ruhr • www.verlagruhr.de • ISBN 3-86072-930-6

Paddy: *Ja, dann könnte ich jetzt wenigstens drüber lachen.*
Hätte ich doch einfach nur einen Spaß machen wollen.

Meike: *Dann wäre es nicht so schlimm. Dann wäre es noch zum*
Lachen.

Paddy: *Jetzt aber nicht.*

Meike: *Nein. Das hier ist einfach traurig.*

Paddy: *Zu spät.*

Meike: *Schade!*

Paddy: *Ich gehe mal schnell.*

Meike: *Ja.*

Paddy: *Sonst ist der Laden schon zu. Und morgen wissen sie wahr-*
scheinlich nicht mehr, wer ich bin. Hätte ich doch nur einen
Scherz machen wollen. Wirklich schade!

© Verlag an der Ruhr • Postfach 10 22 51 • 45422 Mülheim an der Ruhr • www.verlagruhr.de • ISBN 3-86072-930-6

24 | Schöne Hose

© Verlag an der Ruhr • Postfach 10 22 51 • 45422 Mülheim an der Ruhr • www.verlagruhr.de • ISBN 3-86072-930-6

Junge/Mädchen ☒ Konfliktsituation
☐ Spannungsaufbau ☐ Gefühlslage
☐ Wendepunkt ☐ Typen und Klischeefiguren
☒ Improvisationsmöglichkeit ☐ Humor

⇒ Überlegt euch mögliche Hintergrundinformationen zum Gespräch. Doris könnte z.B. sehr reich oder aber sehr arm sein. Vielleicht ist sie eine Studentin oder auch eine Obdachlose, die zufällig gerade vorbeigeht. Versucht – abhängig von diesen Vorüberlegungen – das Ganze ein wenig zynisch darzustellen.

▶▶▶ *Doris:* **Schöne Hose.**

Norbert: **Danke.**

Doris: **Bestimmt teuer?**

Norbert: **Ja.**

Doris: **Du musst bestimmt lange sparen für so eine Hose?**

Norbert: **Ich trage Zeitungen aus.**

Doris: **Und von deinem Zeitungsjob kannst du im Monat ... eine Hose kaufen?**

Norbert: **So in etwa.**

Doris: **Und den Monat darauf einen Pullover.**

Norbert: **Zum Beispiel.**

Doris: **Und so hast du nach einem Jahr ungefähr zwei Hosen, drei Pullover, zwei T-Shirts, eine Boxershorts, Turnschuhe und eventuell eine neue Sonnenbrille.**

Norbert: **Wäre möglich.**

Doris: **Und in den Ferien? Hast du einen Ferienjob?**

Norbert: **Meistens gehe ich die ersten vier Wochen ...**

REDEN UND ZUHÖREN ÜBEN
in Dialogen

3

Doris:	*Zwiebeln schälen? Erdbeeren pflücken? Spargel stechen? Abwaschen?*
Norbert:	*Und danach ...*
Doris:	*Eine Woche schön an die spanische Küste!*
Norbert:	*Ja.*
Doris:	*Und hast du dann noch Geld übrig?*
Norbert:	*Ja. Wieso?*
Doris:	*Ich hätte gerne eine Portion Pommes.*

© Verlag an der Ruhr • Postfach 10 22 51 • 45422 Mülheim an der Ruhr • www.verlagruhr.de • ISBN 3-86072-930-6

25 | Bauchschmerzen

 Mann/Junge

☐ Spannungsaufbau
☒ Wendepunkt
☒ Improvisationsmöglichkeit

☐ Konfliktsituation
☐ Gefühlslage
☒ Typen und Klischeefiguren
☐ Humor

⇒ Dieter ist offensichtlich ein Arzt, allerdings was für einer!
Der Dialog ist alles andere als ein typisches Gespräch zwischen
Arzt und Patient, jedenfalls am Ende. Wo seht ihr Unterschiede
und welche Sätze klingen eher merkwürdig? Diskutiert gemeinsam die Botschaft dieses Dialoges!

▶▶▶ Simon: **Ich habe Bauchschmerzen.**

Dieter: **Wo genau?**

Simon: **In meinem Bauch.**

Dieter: **Links, rechts? Oben, unten? Überall?**

Simon: **Überall.**

Dieter: **Sind es Stiche?**

Simon: **Ja, Stiche. Alles Stiche. Überall.**

Dieter: **Oder ist es mehr ein brennender Schmerz?**

Simon: **Ja, als ob da drinnen was in Flammen steht.**

Dieter: **Wann hast du das? Morgens oder abends?**

Simon: **Immer.**

Dieter: **Denkst du, dass es schnell vorbeigeht?**

Simon: **Das denke ich nicht.**

Dieter: **Also Dienstag?**

Simon: **Nein, daraus wird nichts.**

Dieter: **Schade.**

Simon: **Ja, nicht wahr?**

© Verlag an der Ruhr • Postfach 10 22 51 • 45422 Mülheim an der Ruhr • www.verlagruhr.de • ISBN 3-86072-930-6

26 | Was du später werden wirst

Mädchen/Junge

☐ Spannungsaufbau

☐ Wendepunkt

☒ Improvisationsmöglichkeit

☐ Konfliktsituation

☐ Gefühlslage

☐ Typen und Klischeefiguren

☒ Humor

⇨ Wie wirkt dieser Dialog auf euch? Erkennt ihr eine mögliche Botschaft in diesem Gespräch? Die Figuren lassen sich immer absurdere, aber auch sehr phantasievolle Zukunftsaussichten einfallen. Wie sprechen sie ihre Sätze? Lachen oder kichern sie, sind sie ernst oder sogar aggressiv? Probiert einige Möglichkeiten aus und beobachtet, wie sich die Botschaft des Dialogs jeweils verändert.

▶▶▶ Ricky: *Ich denke, dass ich später, nach meinem Studium, im Ausland leben werde.*

Katja: *Und ich? Was glaubst du, werde ich machen?*

Ricky: *Ich glaube, du wirst später Mutter von drei Kindern. Und du nennst sie alle drei Whitney.*

Katja: *Jaja. Ich glaube, dass du dir einen Hund anschaffst. So eine Art Lassie, und den nennst du dann Bassie.*

Ricky: *Möglich. Aber es ist genauso gut möglich, dass du in einer Mühle wohnen wirst, zusammen mit deinen drei Müllerstöchtern. Und wenn dann schön der Wind weht, schaust du zufrieden nach den drehenden Flügeln, steckst dir eine Pfeife an und singst ein fröhliches Müllerlied.*

Katja: *Ich sehe dich in dreißig Jahren als Puppenspieler mit deinem Lieblingsstück „Der gestiefelte Kater", wovon du selbst eine eigene Version geschrieben hast ... mit dem Titel: „Der gestiefelte Hund". Bassie, dein Hund, ist dann schon gestorben, aber auch als ausgestopfte Hundepuppe noch ein Star,*

© Verlag an der Ruhr • Postfach 10 22 51 • 45422 Mülheim an der Ruhr • www.verlagruhr.de • ISBN 3-86072-930-6

mit seinen Stiefeln und einem lila Filzhut mit einer Pfauen-
feder darauf.

Ricky: **Gut. Ich halte es für wahrscheinlich, dass deine Mühle eines**
Tages abbrennt. Und dass du dann bettelnd die Häuser
abläufst, um Geld für die Renovierung der Mühle zu sam-
meln. Aber jeder ist froh, dass die blöde Mühle in Schutt und
Asche liegt, und daher kommst du dann in ein Heim für
bankrotte Müller.

Katja: **Und meine Töchter?**

Ricky: **Die werden eine Girlband, „die durchgedrehten Müllers-**
töchter". Und sie landen mit ihrem wiedererkennbaren
Müllersound einen Hit nach dem anderen.

Katja: **Ich glaube, dass du mit deiner neuen Puppentheater-**
produktion, in der du „Schneewittchen und die sieben
Zwerge" zu „Bassie und die sieben Chihuahuas" umschreibst,
Ärger mit dem Tierschutzverein bekommst, weil sie dir das
Töten der sieben Chihuahuas übel nehmen. Da es sehr
verdächtig wirkt, dass sich die sieben Chihuahuas, die du
gerade eine Woche zuvor aus dem Tierheim geholt hast, alle
gleichzeitig vom Balkon gestürzt haben. Was für solche
Hunde sowieso schon eine ganz schöne Leistung ist. Ich
glaube übrigens, dass RTL und Pro 7 da gerne was drüber
bringen. Anschließend und nachdem diese Geschichte auf der
Titelseite der Bildzeitung erschienen ist, wird es wohl eher
ruhig werden in deinem Puppen- bzw. Hundetheater. Und da
stehst du dann mit deinen toten Tieren.

Ricky: **Und ich denke, dass du … jetzt gleich … von mir gefragt**
wirst, ob du Lust hast, was trinken zu gehen.

Katja: **Ich denke … O.K.**

© Verlag an der Ruhr • Postfach 10 22 51 • 45422 Mülheim an der Ruhr • www.verlagruhr.de • ISBN 3-86072-930-6

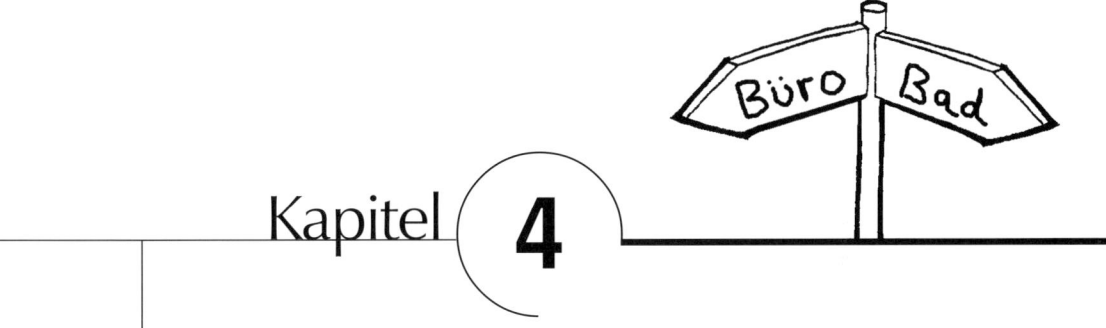

Kapitel **4**

Der Handlungsort

Ist es wichtig, wo ich spreche?

Der Handlungsort

Ist es wichtig, wo ich spreche?

Einfluss auf die Wirkung eines Dialogs hat auch der Raum, in dem das Gespräch vorgelesen oder szenisch dargestellt wird. Auch hier müsst ihr wesentli-
che Aspekte berücksichtigen: Wichtig ist z.B., dass ihr den Raum dekorieren
könnt, dass er also nicht schon vollkommen mit Möbeln überfrachtet ist. Der
Zuschauer sollte glauben können, sich gerade in einem Geschäft, in einem
Zug, auf einem Dachboden, in einem Flugzeug, auf dem Wasser etc. zu
befinden. Ihr solltet einen neutralen Ort gestalten, der nicht von dem ablenkt,
was gerade vorgetragen wird. Vielleicht könnt ihr Störendes mit schwarzen
Tüchern verhängen und durch eine besondere Beleuchtung die Aufmerksamkeit bewusst auf die Sprechenden lenken.

Einige Angaben zur Positionierung liefern auch schon die Regieanweisungen.
Beim Dialog 28 „Maiskörner" beispielsweise wird vorgegeben, dass Martha
und Debby weit auseinander sitzen. Alles andere bleibt aber euch überlassen:
Wo genau befinden sich die Darsteller? Und wie spät ist es? Sitzen sie schon
lange dort? Befinden sie sich möglicherweise im Wartesaal eines Bahnhofs?
Haben sie vielleicht gestritten und sitzen in der eigenen Wohnung? Was für
eine Beziehung haben die Figuren zueinander?

Versucht also, die Dialoge immer so vorzutragen, dass der Zuschauer erahnen
kann, wo die Gespräche stattfinden. Selbst ohne Dekoration oder Requisiten
kann der Spieler immer noch pantomimisch andeuten, wo er sich befindet
und was er gerade tut: Jemand, der sich eine Jacke auszieht, befindet sich
wahrscheinlich in einem Raum. Ein Spieler, der sich die Hände reibt und
friert, ist offensichtlich draußen in der Kälte. Überlegt euch einfache Hilfsmit-
tel, die dem Publikum Genaueres über den Handlungsort verraten.
Eine weitere Improvisationsmöglichkeit: Spielt einen Dialog einfach
mehrmals, aber legt jedes Mal einen anderen Handlungsort fest.

© Verlag an der Ruhr • Postfach 10 22 51 • 45422 Mülheim an der Ruhr • www.verlagruhr.de • ISBN 3-86072-930-6

27 | Schmerzen

Zwei Jungen   ☐ Konfliktsituation
☐ Spannungsaufbau   ☒ Gefühlslage
☐ Wendepunkt   ☐ Typen und Klischeefiguren
☒ Improvisationsmöglichkeit   ☒ Humor

⇨ 1. Überlegt euch Hintergrundinformationen zur Situation: Das Gespräch könnte genauso gut auf einem Schlachtfeld wie an einem Förderband stattfinden. Oder findet es vielleicht sogar in einem Bett statt?

⇨ 2. Entscheidet selbst, ob ihr das Fluchen und die Schimpfworte verwenden wollt. Ihr könnt sie auch durch eine etwas „gemäßigtere" Sprache ersetzen! Diskutiert, wie diese sehr umgangssprachliche Ausdrucksweise von Hugo die Botschaft des Dialogs beeinflusst!

▶ ▶ ▶ Hugo: *Verdammt, Mann, ver - dammt. Scheiße, scheiße, scheiße! Diese Schmerzen hier! (Er hält sich die Hand aufs Herz.) Diese höllischen Schmerzen! Verflucht!*

Tom: *Ja, Schmerzen. Schlimm.*

Hugo: *Furchtbare Schmerzen. Narben. Höchstwahrscheinlich. Für immer Narben. Von den Schmerzen!*

Tom: *Ich habe auch manchmal Schmerzen. Hier, in dieser Gegend. So ein Stechen. Aber dann massier ich die Stelle ein wenig und dann ist es weg.*

Hugo: *Aber nicht bei meinen Schmerzen. Die bleiben. Die machen mich fertig, Mann. Kaputt!*

Tom: *Scheiße, eh.*

Hugo: *Kannst du wohl sagen. (Pause) Ich glaube, ich fange zu weinen an. (Pause) Nein, doch nicht.*

© Verlag an der Ruhr • Postfach 10 22 51 • 45422 Mülheim an der Ruhr • www.verlagruhr.de • ISBN 3-86072-930-6

28 | Maiskörner

 <u>Zwei Mädchen</u>

- ☐ Spannungsaufbau
- ☒ Wendepunkt
- ☐ Improvisationsmöglichkeit

- ☐ Konfliktsituation
- ☐ Gefühlslage
- ☐ Typen und Klischeefiguren
- ☒ Humor

⇨ Ihr könnt die Regieanweisung auch ruhig ignorieren. In dem Fall können beide Charaktere auch direkt nebeneinander sitzen. Vielleicht als Gefangene in einer Art Käfig. Debby könnte auch unter einem Regenschirm sitzen, obwohl es gar nicht regnet. Oder in der Wüste, das wäre dann allerdings ein sehr zynischer Dialog.

(Zwei Menschen sitzen sehr weit auseinander.)

▶ ▶ ▶ *Marta:* **Schönes Wetter, nicht wahr?**

Debby: **Ja, herrlich.**

Marta: **Gestern war es ziemlich kalt.**

Debby: **Ja, sehr kalt. Schrecklich.**

Marta: **Zum Glück ist es heute besser.**

Debby: **Ja, viel besser. Sehr schönes Wetter heute.**

Marta: **Es sollte wohl ab und zu regnen.**

Debby: **Klar. Wo wären wir ohne Regen?**

Marta: **Ja, die Pflanzen und die Bäume brauchen Wasser.**

Debby: **Und wenn du die Toilette spülen möchtest.**

Marta: **Ja, dann auch.**

Debby: **Wenn du einen enormen Haufen produziert hast und du ziehst an dem Seilchen und er spült nicht ab, dann sitzt du da in deinem Gestank und du traust dich nicht nach draußen, weil eine Reihe Leute schon wartet. Und wenn es jetzt ein**

© Verlag an der Ruhr • Postfach 10 22 51 • 45422 Mülheim an der Ruhr • www.verlagruhr.de • ISBN 3-86072-930-6

schöner, spiralförmiger Haufen ist, einer, auf den man stolz sein kann, dann schwingst du die Tür auf und verkündest mit breiter Brust: „Seht her, das ist ein Haufen!" Aber nein, dann ist es doch grüner Schleim mit gelben Maiskörnern. Irgendwie kommen die Maiskörner immer ganz heraus. Dann frage ich mich, warum man überhaupt Mais isst.

Marta: **Zum Glück regnet es morgen wieder.**

© Verlag an der Ruhr • Postfach 10 22 51 • 45422 Mülheim an der Ruhr • www.verlagruhr.de • ISBN 3-86072-930-6

29 | Warm

💬 <u>Zwei Mädchen</u>　　　☐ Konfliktsituation
　☐ Spannungsaufbau　　　☒ Gefühlslage
　☐ Wendepunkt　　　☐ Typen und Klischeefiguren
　☒ Improvisationsmöglichkeit　☐ Humor

⇒ Die Charaktere tragen entweder Pelzmäntel oder Schwimm-sachen. Ihr könnt die Pelzmäntel auch mit einem vollkommen absurden Handlungsort kombinieren, z.B. Strand, Wüste etc. Ein mit der Dekoration oder den Requisiten kontrastierender Handlungsort ist immer eine besondere Herausforderung für die Darsteller.

▶▶▶ Wilma:　*Pfffff!*

(Pause)

Wilma:　*Warm, nicht wahr? Ich schwitze wie verrückt.*

Moni:　*Du musst dich mehr entspannen.*

Wilma:　*Mache ich doch.*

(Pause)

Wilma:　*Ich hätte nicht erwartet, dass es so warm ist.*

Moni:　*Daran darfst du nicht denken. Denk nicht immer: „Boah, ist das warm."*

Wilma:　*Aber mir ist warm.*

Moni:　*Dann wird dir nur noch wärmer.*

Wilma:　*Ist dir nicht warm?*

Moni:　*Doch, schon.*

Wilma:　*Na also.*

© Verlag an der Ruhr • Postfach 10 22 51 • 45422 Mülheim an der Ruhr • www.verlagruhr.de • ISBN 3-86072-930-6

30 | Schön

Zwei Mädchen ☒ Konfliktsituation
☐ Spannungsaufbau ☐ Gefühlslage
☐ Wendepunkt ☐ Typen und Klischeefiguren
☒ Improvisationsmöglichkeit ☐ Humor

⇨ Offenbar hat Anne gerade etwas sehr Beeindruckendes vorge-
führt. Ihr könnt euch überlegen, was genau passiert ist. Oder
aber ihr deutet vor dem eigentlichen Dialog die Handlung
bereits an. Hier lässt sich sehr gut das so genannte „stumme
Spiel", also ein Spiel ganz ohne Worte, einsetzen. Um einen
Überraschungseffekt zu erzielen, könntet ihr etwas vollkommen Banales einleitend darstellen, z.B. das Braten eines
Spiegeleis. Dann würde der Dialog eher komisch wirken.

▶ ▶ ▶ *Rita:* **Sehr schön, was du gerade gemacht hast.**

Anne: **Danke.**

Rita: **Das hast du bestimmt öfter gemacht.**

Anne: **Eigentlich nicht.**

Rita: **Doch.**

Anne: **Ganz sicher nicht. Das war das erste Mal.**

Rita: **Jaja. Ich glaube dir kein Wort.**

Anne: **Ist aber so.**

Rita: **Jetzt sei ehrlich!**

Anne: **Ich bin ehrlich.**

Rita: **Ja, genau, und ich bin blöd.**

© Verlag an der Ruhr • Postfach 10 22 51 • 45422 Mülheim an der Ruhr • www.verlagruhr.de • ISBN 3-86072-930-6

31 | Was macht sie hier?

Junge/Mädchen

☐ Spannungsaufbau   ☒ Konfliktsituation

☐ Wendepunkt   ☒ Gefühlslage

☒ Improvisationsmöglichkeit   ☐ Typen und Klischeefiguren

     ☐ Humor

⇨ Offenbar ist auf der Party jemand erschienen, den Trudy nicht besonders mag. Vielleicht handelt es sich um eine Geburtstagsparty und vermutlich ist es bereits abends. Der Dialog liefert euch viele Improvisationsmöglichkeiten! Versucht, „zwischen den Zeilen" anzudeuten, wer da gekommen ist und wie groß das Problem ist, das Trudy mit dieser Frau hat.

▶▶▶ *Trudy:* **Was macht sie hier?**

Rex: **Das weiß ich nicht.**

Trudy: **Hast du sie eingeladen? (Pause) Ich habe dich gefragt, ob du sie eingeladen hast.**

Rex: **Natürlich nicht.**

Trudy: **Schön ist das. Nee, ganz toll. Das wird ein toller Abend.**

Rex: **Kann ich was daran ändern?**

Trudy: **Nein. Natürlich nicht. Du kannst nichts daran ändern. Wusstest du, dass sie kommen würde?**

Rex: **Nein.**

Trudy: **Du wusstest, dass sie kommen würde, nicht wahr?**

Rex: **Möchtest du etwas trinken?**

Trudy: **Ja. Nein. Lenk nur vom Thema ab. Red einfach von etwas anderem. Ach, lass uns nicht mehr über diese Person reden!**

Rex: **Ich kann ihr nicht verbieten zu kommen.**

Trudy: **Kannst du wohl. Du willst aber nicht, das ist etwas anderes.**

© Verlag an der Ruhr • Postfach 10 22 51 • 45422 Mülheim an der Ruhr • www.verlagruhr.de • ISBN 3-86072-930-6

Rex: *Ich wusste nicht, dass sie kommen würde.*

Trudy: *Aber du wusstest, dass es möglich ist, dass sie hier sein könnte und dass ich mich schrecklich fühlen würde. Es scheint dir egal zu sein.*

Rex: *Ich möchte hier nicht mehr darüber reden.*

Trudy: *Natürlich. Warum solltest du? Ich frage sie einfach, was sie hier macht.*

Rex: *Jetzt warte ...*

32 | Bewerbung

 Mann/Jugendlicher ☐ Konfliktsituation
☒ Spannungsaufbau ☒ Gefühlslage
☐ Wendepunkt ☐ Typen und Klischeefiguren
☒ Improvisationsmöglichkeit ☐ Humor

➡ Worum geht es hier eigentlich? Handelt es sich wirklich nur um eine Bewerbung? Überlegt euch, welche Sätze eher nicht auf eine Bewerbungssituation hinweisen. Was könnte hier noch dargestellt werden? Versucht während eures Vortrags/eurer Darstellung, durch Gestik, Mimik, Gefühle etc. Hinweise auf die tatsächliche Situation des Dialogs zu liefern.

▶▶▶ *Georg:* **Was sind Ihre guten Eigenschaften?**

Michelle: **Ich bin spontan und humorvoll.**

Georg: **Und Ihre schlechten Eigenschaften?**

Michelle: **Äh ...**

Georg: **Ihre schlechten Eigenschaften?**

Michelle: **Ich ... bin ... manchmal ...**

Georg: **Haben Sie keine schlechten Eigenschaften?**

Michelle: **Doch, schon.**

Georg: **Also, Ihre schlechten Eigenschaften, bitte.**

Michelle: **Manchmal bin ich zu nett.**

Georg: **Ich rede von schlechten Eigenschaften.**

Michelle: **Ich lästere zu viel. Ich bin sehr eifersüchtig, schnell unzufrieden und ungeduldig. Ich kann nicht tippen und bin schwer von Begriff. Ich hasse Menschen, die sich für was Besseres halten, die sich für witzig halten oder die denken, dass sie alles besser können als andere. Eigentlich hasse ich sehr viele Menschen und auf den ersten Blick mag ich schon gar niemanden.**

© Verlag an der Ruhr • Postfach 10 22 51 • 45422 Mülheim an der Ruhr • www.verlagruhr.de • ISBN 3-86072-930-6

REDEN UND ZUHÖREN ÜBEN
in Dialogen

Dann frage ich mich, was ich da eigentlich soll. Die anderen interessieren mich nicht. Sie verstehen mich nicht oder versuchen es nicht genug. Außerdem hat jeder, den ich kenne, diese nervigen Ticks. Meine beste Freundin zum Beispiel dreht den ganzen Tag mit ihren Fingern in ihren Haaren. Sie denkt, dass sie davon Locken kriegt. Dann fängt mein Blut an zu kochen.

Georg: *Schön, jetzt kommen wir voran. Was war Ihr erster Eindruck von mir?*

© Verlag an der Ruhr • Postfach 10 22 51 • 45422 Mülheim an der Ruhr • www.verlagruhr.de • ISBN 3-86072-930-6

33 | Ist das die Rettung?

Junge/Mädchen
☐ Konfliktsituation
☒ Spannungsaufbau
☒ Gefühlslage
☐ Wendepunkt
☐ Typen und Klischeefiguren
☒ Improvisationsmöglichkeit
☐ Humor

⇨ Da diese Szene im Dunkeln vorgetragen werden soll, ist die Atmosphäre wahrscheinlich sehr spannungsgeladen. Das muss man an der Stimme bereits erkennen. Versucht also, z.B. durch eine bestimmte Art der Betonung, Spannung zu erzeugen. Die Stimme ist hier euer einziges Werkzeug, da man Gestik und Mimik im Dunkeln nicht erkennen kann.

(Im Dunkeln)

▶▶▶ *Rocco:* **Da! Ich sehe etwas!**

Elvira: **Ist die Rettung nahe?**

Rocco: **Moment ... Ich ... Nein, es ich nicht das, was ich gehofft habe.**

Elvira: **Aaah! Wir sind verloren. Ich wollte es nicht sagen, aber ich glaube, dass wir die Hoffnung aufgeben können.**

Rocco: **Warte! Was ist das?!**

Elvira: **Die Rettung? Ja?! Ist es das, was ich glaube, das es ist? Ist es das, worauf wir die ganze Zeit gehofft haben?**

Rocco: **Es ist ein nur so eine Art leuchtender Stein.**

Elvira: **Oh.**

Rocco: **Nein, warte.**

Elvira: **Also doch?! Ich wusste es! Wir sind gerettet!**

Rocco: **Es ist eine Qualle.**

Elvira: **Eine Qualle? Wie kommt die hierher? Die kann's auch vergessen. Das schafft die nie, genauso wenig wie wir. Aber die Qualle erst recht nicht.**

© Verlag an der Ruhr • Postfach 10 22 51 • 45422 Mülheim an der Ruhr • www.verlagruhr.de • ISBN 3-86072-930-6

Rocco:	**Vielleicht können wir sie essen.**
Elvira:	**Ja, iss die Qualle. Und wenn ich sterbe, darfst du mich auch essen.**
Rocco:	**Danke schön.**
Elvira:	**Hey, wenn ich sterbe, hab ich gesagt, nicht jetzt.**
Rocco:	**Ich mache doch gar nichts.**
Elvira:	**Was ist denn da an meinem Bein?**

© Verlag an der Ruhr • Postfach 10 22 51 • 45422 Mülheim an der Ruhr • www.verlagruhr.de • ISBN 3-86072-930-6

34 | 28. Januar

Zwei Jungen

- ☐ Spannungsaufbau
- ☐ Wendepunkt
- ☒ Improvisationsmöglichkeit
- ☐ Konfliktsituation
- ☐ Gefühlslage
- ☐ Typen und Klischeefiguren
- ☐ Humor

⇒ Die Qualität der Darstellung wird gesteigert, wenn ihr euch über die Eigenschaften der einzelnen Charaktere möglichst viele Gedanken macht. Was genau tun die Charaktere gerade? Stellen sie ihre Fragen aus Langeweile oder ist es ein festes Ritual zwischen ihnen? Was für eine Beziehung besteht zwischen ihnen? Sind sie verwandt? Sind sie Brüder, Vater und Sohn oder Großvater und Vater? Es könnten natürlich auch Mädchen sein, aber dann müsstet ihr zunächst die Namen ändern.

▶▶▶ *Andreas:* **21. Mai 1989?**

Robert: **Tante Hummie ist gestorben.**

Andreas: **7. August 1992?**

Robert: **Ferien. Auf einem Campingplatz in Frankreich. Ja, das Zelt steht in Flammen und wir müssen den Rest der Ferien in einem Hotel verbringen.**

Andreas: **19. Oktober?**

Robert: **Dein Geburtstag. Wie alt wirst du eigentlich?**

Andreas: **28 ... Januar 1994?**

Robert: **...**

Andreas: **Hallo? 28. Januar 1994? ... Der Mittwochmittag? Du kamst nach Hause ...**

Robert: **Jajaja. Ich kam nach Hause und meine zwei weißen Mäuse, die ich am Tag zuvor gekriegt hatte, sind erstickt, weil ich die**

© Verlag an der Ruhr • Postfach 10 22 51 • 45422 Mülheim an der Ruhr • www.verlagruhr.de • ISBN 3-86072-930-6

gläserne Platte unabsichtlich ganz auf die gläserne Wanne geschoben hatte.

Andreas: **Ihre roten Augen quollen hervor. Kratzer auf dem Glas von ihren Nägeln. Der Wannenboden voller Urin, wahrscheinlich vor Angst.**

Robert: **Ich erinnere mich noch an den 3. November 1998, als wäre es gestern.**

Andreas: **Ja.**

Robert: **Es war ein schöner Tag für die Jahreszeit, nicht wahr?**

Andreas: **Wirklich? Ist mir nicht aufgefallen.**

Robert: **Ja, ein schöner Tag. Schade für dich, dass Jessica mit dir Schluss gemacht hat.**

Andreas: **Ach, so lange ist es her?**

Robert: **Dann war am 16. Dezember Schluss mit Inge. Und am 24. Dezember, am Heiligabend, war wieder Schluss mit Inge. Und am 2. Mai mit Karin.**

Andreas: **Karin?**

Robert: **Karin, die immer noch 5 CDs von dir hat.**

Andreas: **Ach ja.**

Robert: **Und danach blieb es lange stil, bis ... welches Datum haben wir heute?**

Andreas: **...**

Robert: **Ja, bis heute. Was ist heute passiert?**

Andreas: **Eine Katastrophe!**

© Verlag an der Ruhr • Postfach 10 22 51 • 45422 Mülheim an der Ruhr • www.verlagruhr.de • ISBN 3-86072-930-6

35 | Schön für Oma

☁ Junge/Mädchen   ☐ Konfliktsituation
☐ Spannungsaufbau   ☐ Gefühlslage
☐ Wendepunkt   ☒ Typen und Klischeefiguren
☒ Improvisationsmöglichkeit   ☒ Humor

⇨ Überlegt euch, ob der Zuschauer bzw. Zuhörer eigentlich verstehen muss, was der achtjährige Junge genau macht, oder ob diese Information überflüssig ist. Ihr könntet verschiedene Versionen ausprobieren und dabei auch andeuten, wo sich das Kind und die Großmutter möglicherweise befinden.

▶ ▶ ▶   *Ludwig:*   **Schön, was er da macht.**

     Eva: **Ja, toll, nicht wahr?**

     Ludwig: **Ja, schön für eure Oma.**

     Eva: **Ja, Oma strahlt richtig.**

     Ludwig: **Qualitativ ist das natürlich nicht unbedingt was. Aber eure Oma findet es schön.**

     Eva: **Ich finde das so toll von ihm. Und er ist erst acht.**

     Ludwig: **Ja. Wenn du acht bist, findet jeder toll, was du machst, obwohl es nicht mal so niveauvoll ist. Es ist gar nichts. Wenn man das seriös auf einer Bühne machen würde, würde man runtergeworfen werden. Der Clou ist sein unschuldiges Gesicht, obwohl das Ganze vollkommen wertlos ist. ... Eigentlich müsste man sich zu Tode schämen. Wenn ich dasselbe machen würde, würde jeder mich ausbuhen.**

     Eva: **Genau.**

© Verlag an der Ruhr • Postfach 10 22 51 • 45422 Mülheim an der Ruhr • www.verlagruhr.de • ISBN 3-86072-930-6

REDEN UND ZUHÖREN ÜBEN
in Dialogen

Kapitel **5**

Der Umgang mit der Stimme

Wann muss ich laut, leise, schnell oder langsam sprechen?

Der Umgang mit der Stimme

Wann muss ich laut, leise, schnell oder langsam sprechen?

Bevor ihr anfangt, einen Dialog vorzutragen bzw. szenisch zu interpretieren, müsst ihr euch einige Fragen stellen: Wie muss ich den Text sprechen? Wie spiele ich mit der Lautstärke und dem Klang meiner Stimme? Soll ich einen Dialekt benutzen? Spreche ich mit besonderem Akzent oder baue ich einen bedrohlichen Unterton ein?

Durch euren Umgang mit der eigenen Stimme seid ihr in der Lage, einen Dialog vielschichtig zu gestalten. Es gibt verschiedene Typen von Stimmen: die Stimme eines Fieslings, eine Geisterstimme, eine Feenstimme, eine Kinderstimme, eine achtlose, gleichgültige, schmerzverzerrte, herzliche, angespannte Stimme. Jede Stimme besitzt ihre ganz eigene Kraft, Lautstärke und Lage. Ob ihr eine liebliche, zarte Stimme verwendet oder mit kalter, lauter Stimme sprecht – sicherlich kann das den Dialog beeinflussen. Menschen werden häufig aufgrund ihrer Stimme beurteilt. Die großen Filmschauspieler besitzen oft eine ganz besondere Stimme und sind in der Lage, sie im richtigen Moment wirkungsvoll einzusetzen. Die Stimme ist möglicherweise eines der wichtigsten Instrumente eines Schauspielers. Er muss mit seiner Stimme verzaubern, flüstern und wispern. Genauso gut muss er aber auch eine mächtige, dunkle Stimme imitieren und manchmal laut schreien.

Hinweis für den Lehrer bzw. den Kursleiter:

Achten Sie darauf, dass die zumeist ungeübten Stimmen der Jugendlichen nicht zu stark in Anspruch genommen werden. Niemand sollte laut schreien, ohne seine Stimme vorher aufgewärmt zu haben. Andernfalls können ernsthafte Schäden an den Stimmbändern entstehen.

Regen Sie die Jugendlichen dazu an, ihre Stimmen möglichst vielfältig einzusetzen, so dass die Dialoge bereits durch die verschiedenen Stimmen eine bestimmte Wirkung erzielen.

Allerdings sollten Sie verhindern, dass die einzelnen Darsteller durchweg eine fremde Stimme imitieren, da dies auf Dauer nicht gelingen kann. Eine gezwungene Stimme klingt außerdem verkrampft und unecht und zerstört damit den Dialog und seine eigentliche Botschaft.

© Verlag an der Ruhr • Postfach 10 22 51 • 45422 Mülheim an der Ruhr • www.verlagruhr.de • ISBN 3-86072-930-6

36 | Schluss machen

Zwei Mädchen   ☒ Konfliktsituation

☐ Spannungsaufbau   ☒ Gefühlslage

☒ Wendepunkt   ☐ Typen und Klischeefiguren

☒ Improvisationsmöglichkeit   ☐ Humor

⇨ Maren könnte wie ein kleines Kind klingen. Allerdings ist es nicht einfach, jüngere Stimmen zu imitieren, ohne komisch zu wirken. Probiert verschiedene Möglichkeiten aus. Maren könnte z.B. auch einen verwöhnten Yuppie darstellen.

▶▶▶ **Maren:** **Ich hab gehört, dass du was mit meinem Bruder hast. Stimmt das?**

Birgit: **Ja.**

Maren: **Oh. Dann will ich dir mal sagen, dass ich damit überhaupt nicht einverstanden bin. Ich find dich nämlich total blöd. Du bildest dir ein, dass du wer weiß wer bist. Du stehst immer mit einer Gruppe Freunden im Einkaufszentrum.**

Birgit: **Ist das vielleicht nicht erlaubt?**

Maren: **Doch. Aber ich finde es einfach dumm. Total dumm.**

Birgit: **Warum?**

Maren: **Ich finde es einfach nicht gut, wenn ihr da steht. Ich laufe durchs Einkaufszentrum und dann steht ihr da wieder.**

Birgit: **Das ist ja wohl unsere Sache.**

Maren: **Ja. Aber ich muss da immer lang.**

Birgit: **Dann geh da doch lang.**

Maren: **Ja. Aber dann ...**

Birgit: **Was dann?**

Maren: **Ich trau mich da eben nicht vorbei.**

© Verlag an der Ruhr • Postfach 10 22 51 • 45422 Mülheim an der Ruhr • www.verlagruhr.de • ISBN 3-86072-930-6

Birgit:	Oh Gott, du traust dich nicht an uns vorbei? Wie kommst du denn darauf? Wir tun echt nichts. Wir fassen dich nicht an. Wir beißen nicht.
Maren:	Machst du mit meinem Bruder Schluss?
Birgit:	Nur darum?
Maren:	Please?
Birgit:	Nein.
Maren:	Please, please!
Birgit:	Nein.
Maren:	Siehst du. Du bist echt dumm.

REDEN UND ZUHÖREN ÜBEN
in Dialogen

© Verlag an der Ruhr • Postfach 10 22 51 • 45422 Mülheim an der Ruhr • www.verlagruhr.de • ISBN 3-86072-930-6

37 | Superarm

© Verlag an der Ruhr • Postfach 10 22 51 • 45422 Mülheim an der Ruhr • www.verlagruhr.de • ISBN 3-86072-930-6

Zwei Jungen
- ☐ Spannungsaufbau
- ☐ Wendepunkt
- ☒ Improvisationsmöglichkeit
- ☐ Konfliktsituation
- ☐ Gefühlslage
- ☒ Typen und Klischeefiguren
- ☐ Humor

➡ Ihr könntet versuchen, die Charaktere hier als arrogante Yuppies darzustellen. Was passiert außerdem, wenn ihr die Stimmen von zwei älteren Menschen imitiert, oder aber einen sehr umgangssprachlichen Sprachstil verwendet?

▶▶▶ **Jakob:** *Wir müssen diesen Michael mal anrufen.*

Hans: *Welchen Michael?*

Jakob: *Diesen Michael Jansen.*

Hans: *Nein, der ist blöd.*

Jakob: *Das ist ein feiner Kerl.*

Hans: *Ich find den nicht so toll.*

Jakob: *Ein absolut feiner Kerl.*

Hans: *Wir liegen aber nicht auf einer Wellenlänge.*

Jakob: *Quatsch.*

Hans: *Der Typ ist superarm.*

Jakob: *Er ist wirklich ein cooler Typ. Ich schwör.*

Hans: *Er ist aber superarm.*

Jakob: *Er ist irre.*

Hans: *Arm.*

38 | Sei normal!

Zwei Mädchen ☒ Konfliktsituation
☐ Spannungsaufbau ☐ Gefühlslage
☐ Wendepunkt ☐ Typen und Klischeefiguren
☒ Improvisationsmöglichkeit ☒ Humor

1. Dieser Text sollte leicht flüsternd gesprochen werden. Die Darsteller raunen sich die Sätze zu, während sie mimisch und gestisch andeuten, vorbeigehende Menschen anzulächeln.

2. Wo spielt sich dieser Dialog ab? Der Kursleiter oder auch ein Jugendlicher könnte eine genaue Situation vorgeben, auf die sich die Darsteller dann einstellen müssen.

▶▶▶ Klara: **Sei mal normal!**

Sofie: **Ich bin normal.**

Klara: **Sei nicht so!**

Sofie: **Ich bin nicht so.**

Klara: **Hör auf mit diesem Grinsen!**

Sofie: **Musst du gerade sagen.**

Klara: **Ich mein es ernst. Tu es für mich.**

Sofie: **Wieso sollte ich für dich irgendwas tun?**

Klara: **Darum. Ich werde dafür blöd angeguckt.**

Sofie: **Denkst du, sie finden mich doof?**

Klara: **Nicht, wenn du dich normal verhältst.**

Sofie: **Ich verhalte mich normal.**

Klara: **Wenn du so weitermachst, nehme ich dich nie mehr mit.**

Sofie: **Dann mach das doch.**

© Verlag an der Ruhr • Postfach 10 22 51 • 45422 Mülheim an der Ruhr • www.verlagruhr.de • ISBN 3-86072-930-6

39 | Sofort nach links

Junge/Frau ☐ Konfliktsituation
☐ Spannungsaufbau ☐ Gefühlslage
☐ Wendepunkt ☐ Typen und Klischeefiguren
☒ Improvisationsmöglichkeit ☒ Humor

⇒ Auch wenn ein Dialog vollkommen absurd ist und wenig Sinn macht, solltet ihr ihn nicht zu übertrieben vortragen. Durch eine Überbetonung verliert er an Aussagekraft und wirkt nur noch albern. Die absurde Wirkung erfolgt erst, wenn der Text auch absolut ernst und glaubwürdig gesprochen wird. Das hört sich zunächst widersprüchlich an – es funktioniert aber. Überlegt euch, wie eure Stimme klingen muss, wie ihr die Sätze richtig betont und wie ihr euren Zuhörern vermittelt, dass ihr es ernst meint.

▶▶▶ Nils: *Wenn Sie hier durchs Fenster nach draußen springen.*

Polly: *Ja, durchs Fenster nach draußen springen.*

Nils: *Und dann immer geradeaus fliegen.*

Polly: *Immer geradeaus.*

Nils: *Kommen Sie von selbst zu einem Betonhochhaus.*

Polly: *Betonhochhaus.*

Nils: *Da fliegen Sie quer durch.*

Polly: *Quer durch.*

Nils: *Ähm ...*

Polly: *Ja?*

Nils: *Wo war ich?*

Polly: *Quer durch das Betonhochhaus.*

Nils: *Oh ja. Nach rechts.*

© Verlag an der Ruhr • Postfach 10 22 51 • 45422 Mülheim an der Ruhr • www.verlagruhr.de • ISBN 3-86072-930-6

Polly: **Nach rechts.**

Nils: **Und dann sofort nach links.**

Polly: **Sofort links.**

Nils: **Am Meer angekommen, müssen Sie es links von sich lassen.**

Polly: **Meer links von mir lassen.**

Nils: **Nicht durchs Meer gehen.**

Polly: **Nein, natürlich nicht.**

Nils: **Geht auch gar nicht.**

Polly: **Nein. He.**

Nils: **Hehehehe.**

Polly: **Hehehehehehe.**

Nils: **Es sei denn natürlich, Sie können schwimmen.**

Polly: **Nein, natürlich nicht.**

Nils: **Genau. Also am Meer entlang, bis Sie an einen Hügel kommen und dann sehen Sie es eigentlich schon.**

Polly: **Beim Hügel seh ich es eigentlich schon. Gut, das müsste ich schaffen. Vielen Dank.**

Nils: **Gern geschehen.**

© Verlag an der Ruhr • Postfach 10 22 51 • 45422 Mülheim an der Ruhr • www.verlagruhr.de • ISBN 3-86072-930-6

40 | Hintendrauf

Junge/Mädchen   ☐ Konfliktsituation

☐ Spannungsaufbau   ☒ Gefühlslage

☒ Wendepunkt   ☐ Typen und Klischeefiguren

☐ Improvisationsmöglichkeit   ☒ Humor

Evtl. ein Helm.

Was macht man mit seiner Stimme, wenn man einen Helm trägt? Euer Gesprächspartner kann euch dann jedenfalls nicht mehr verstehen, allerdings könnt ihr ihn auch nicht mehr so gut hören. Versucht, ohne Helm auszukommen, aber trotzdem die gleiche Situation darzustellen. Wie klingt überhaupt eine Stimme, die man nicht versteht? Und wie imitiert man eine solche Stimme?

(Manni sitzt, einen Helm tragend, und Wendy stellt sich dazu.)

▶▶▶ Wendy: **Darf ich hintendrauf?**

Manni: **Ja klar.**

(Sie setzt sich hintendrauf. Lange Pause.)

Wendy: **So ...**

Manni: **Was hast du gesagt?**

Wendy: **So ...**

(Kurze Pause. Manni versteht nicht, was sie gesagt hat.)

Wendy: **Ich sagte: So ...**

Manni: **Oh ...**

Wendy: **Ich sitze.**

Manni: **Sitzt du gut?**

Wendy: **Ich sitze gut.**

© Verlag an der Ruhr • Postfach 10 22 51 • 45422 Mülheim an der Ruhr • www.verlagruhr.de • ISBN 3-86072-930-6

Manni:	**Sitzt du nicht schlecht?**
Wendy:	**Nein, ich sitze gut!**
	(Pause)
Wendy:	**Machst du heute noch was?**
Manni:	**Mmmmmmmmmmm.**
	(Wendy wartet weiterhin auf Antwort, für Manni war das die Antwort.)
Wendy:	**Hm. Sonst könnten wir ein bisschen rumfahren.**
Manni:	**Oh ja.**
	(Pause)
Manni:	**Willst du meinen Helm aufsetzen?**
Wendy:	**Oh ja. Gut.**
	(Sie setzt den Helm auf. So sitzen sie eine Weile.)
Manni:	**Sitzt er gut?**
	(Sie nickt.)
Wendy:	**Na, ich steige mal wieder ab.**
Manni:	**Gehst du?**
Wendy:	**Ja. Ich hab noch Sachen zu erledigen. Danke, dass ich deinen Helm anziehen durfte.**
Manni:	**Kein Problem.**
	(Manni setzt seinen Helm auf.)
Wendy:	**Nee. Naja, bis dann vielleicht.**
	(Manni nickt unter seinem Helm. Es bleibt unklar, ob er sie noch hört.)
Wendy:	**Bist du morgen wieder hier? ... O.K. ... Vielleicht komme ich dann auch noch mal vorbei. ... O.K. ... Tschüss.**
	(Gibt ihm drei Abschiedsküsschen auf den Helm.)

© Verlag an der Ruhr • Postfach 10 22 51 • 45422 Mülheim an der Ruhr • www.verlagruhr.de • ISBN 3-86072-930-6

41 | Ruhig

Zwei Jungen

☒ Spannungsaufbau   ☒ Konfliktsituation
☐ Wendepunkt   ☒ Gefühlslage
☒ Improvisationsmöglichkeit   ☐ Typen und Klischeefiguren
   ☐ Humor

➡ Was wird hier eigentlich dargestellt? Überlegt euch eine passende Situation und deutet diese durch eine bestimmte Dekoration an. Ihr könntet beispielsweise ein Schild aufstellen, auf dem „Geschlossen" steht. Irgendwelche Requisiten könnten auch verraten, wohin die beiden Darsteller eigentlich wollten, z.B. Badesachen etc. Lasst eurer Fantasie hier freien Lauf und improvisiert einfach. Eure Stimmen sollten zeigen, was die beiden Gesprächspartner gerade empfinden. Stottert Jerry, ist er aufgeregt, wütend, zornig, enttäuscht? Wiederholt den Dialog und überlegt, wie unterschiedlich er sich darstellen lässt.

▶▶▶ Jerry: **Was soll das jetzt?**

Thomas: **Ruhig bleiben.**

Jerry: **Es ist doch nicht wahr, oder?**

Thomas: **Ruhig bleiben.**

Jerry: **Jetzt komm ich extra hierher.**

Thomas: **Ruhig jetzt.**

Jerry: **Den ... ganzen ... Weg hierher.**

Thomas: **Ruhig.**

Jerry: **Und dann bin ich endlich hier. Endlich. Hier. Und dann ...**

Thomas: **Hey, ganz ruhig bleiben.**

Jerry: **Dann hätte ich natürlich genauso gut nicht kommen können. Was wollen die jetzt von mir? Was wollen die jetzt? Was wollen die? Was soll denn das jetzt von denen?**

© Verlag an der Ruhr • Postfach 10 22 51 • 45422 Mülheim an der Ruhr • www.verlagruhr.de • ISBN 3-86072-930-6

Das bringt doch nichts! Was soll das bringen? Nichts?
Bringt das irgendwas? Nein, nichts, oder? Ich ... ich ... ich ...

Thomas: **Ruhig.**

Jerry: **Ich ich ich ich ich ich ich ich ...**

Thomas: **Ruhig.**

Jerry: **Und du. Du. Du du du du du du du du ...**

Thomas: **Ruhig.**

Jerry: **Das das das das das das das das ...**
Junge Junge Junge. Nee, nee echt nicht. Nein! Nein nein.
Dieser ... Wie heißt der noch?
Ähm, ... wie ...

(Pause)

Thomas: **Ruhig.**

© Verlag an der Ruhr • Postfach 10 22 51 • 45422 Mülheim an der Ruhr • www.verlagruhr.de • ISBN 3-86072-930-6

REDEN UND ZUHÖREN ÜBEN
in Dialogen

42 | Hänschen Klein

Zwei Mädchen

☐ Spannungsaufbau
☐ Wendepunkt
☒ Improvisationsmöglichkeit

☐ Konfliktsituation
☒ Gefühlslage
☐ Typen und Klischeefiguren
☒ Humor

➡ Hier sollt ihr nicht nur sprechen, sondern singen. Dabei bleibt es euch überlassen, wie ihr den Gesang darstellt. Ihr könnt die besten oder die schlechtesten Sänger unter euch aussuchen. Was bedeutet eure Wahl für den Dialog? Ist es wichtig, ob Heidi schön oder schief singt?

▶ ▶ ▶ Heidi: *(singt) Hänschen Klein ging allein in die weite Welt hinein ...*

Simone: *Hör auf!*

Heidi: *(singt) Stock und Hut steh'n ihm gut ...*

Simone: *Halt die Klappe!*

Heidi: *(singt) Er ist wohlgemut.*

Simone: *Du singst schief.*

Heidi: *(singt) Aber Mutter weinte sehr, hatt' ja nun kein Hänschen mehr.*

Simone: *Schrecklich. Soll ich jetzt?*
(singt) Hänschen Klein ging allein in die weite Welt hinein.

© Verlag an der Ruhr • Postfach 10 22 51 • 45422 Mülheim an der Ruhr • www.verlagruhr.de • ISBN 3-86072-930-6

43 | Schatz

Mann/Frau

☒ Spannungsaufbau
☐ Wendepunkt
☒ Improvisationsmöglichkeit

☒ Konfliktsituation
☒ Gefühlslage
☐ Typen und Klischeefiguren
☐ Humor

⇨ In Beziehungen wird oft „zwischen den Zeilen" gesprochen, d.h. nicht immer wird klar gesagt, was man eigentlich möchte. Überlegt euch, wie die folgenden Sätze gesagt werden. Vielleicht hört man bereits an der Stimme der Darsteller ihre unterschwelligen Gefühle heraus. Sind sie angenervt, wütend, traurig, fröhlich ...? Probiert unterschiedliche Arten der Textinterpretation aus. Versucht, durch Gestik und Mimik die tatsächlichen Emotionen der Figuren auszudrücken, auch wenn der Text sie vielleicht nicht verrät.

▶▶▶ **Susi:** *Warum stellst du das jetzt hier ab, Schatz? Ich hab mir beinah den Hals gebrochen deswegen.*

Gerald: *Entschuldige, Liebes. Dann guck auch, wohin du läufst.*

Susi: *Schatz, ich gucke immer, wohin ich laufe.*

Gerald: *Ich musste nur eben diese Kiste loswerden.*

Susi: *Das verstehe ich, Schätzchen. Wenn du deine Kisten in Zukunft aber woanders abstellen könntest.*

Gerald: *Natürlich, Liebling.*

Susi: *O ja, Schatz. Könntest du demnächst auch den Deckel auf die Zahnpastatube schrauben? Es macht ja eigentlich gar nichts, es fällt mir nur schon seit Wochen auf und ich finde, das sieht einfach nicht so schön aus, wenn nun Gäste kommen. Stell dir vor, wir bekommen unerwartet Besuch.*

Gerald: *Ist gut, Schätzchen. Wenn du dann in Zukunft von meinen Dartpfeilen fernbleibst, finde ich alles super.*

© Verlag an der Ruhr • Postfach 10 22 51 • 45422 Mülheim an der Ruhr • www.verlagruhr.de • ISBN 3-86072-930-6

44 | O.K.

 Zwei Jungen   ☐ Konfliktsituation
    ☒ Spannungsaufbau   ☒ Gefühlslage
    ☐ Wendepunkt   ☐ Typen und Klischeefiguren
    ☒ Improvisationsmöglichkeit   ☒ Humor

⇨ Ohne die beiden Gesprächspartner zu sehen und ihre Stimmen zu hören, lässt sich die Aussage des Dialogs kaum bewerten. Ist Wally vollkommen eitel und eingebildet? Oder besitzt er einfach gesundes Selbstvertrauen? Beide Möglichkeiten lassen sich durch eine besondere Art der Darstellung spielen. Wie hört sich die Stimme eines eingebildeten Schönlings an, wie lässt sich ein selbstbewusstes Auftreten auch stimmlich darstellen?

▶▶▶   *Stefan:*   **Warum hast du das Foto da hängen?**

    Wally: **Da kann ich es gut sehen.**

    Stefan: **Und dir macht das Spaß?**

    Wally: **Warum nicht?**

    Stefan: **Ich will mir das gar nicht vorstellen. Den ganzen Tag auf meinen eigenen Kopf schauen. In Postergröße!**

    Wally: **Ich find mich O.K.**

    Stefan: **Jaja.**

    Wally: **Hey. Du bist auch o.k. Sag es dir selbst einmal: Ich bin o.k.**

    Stefan: **Ich bin O.K.**

    Wally: **Lauter!**

    Stefan: **Ich bin O.K.!**

    Wally: **Sag es, als würdest du es glauben!**

    Stefan: **Ich bin O.K.!**

    Wally: **Ja! Ich auch! Ich bin auch O.K.!**

© Verlag an der Ruhr • Postfach 10 22 51 • 45422 Mülheim an der Ruhr • www.verlagruhr.de • ISBN 3-86072-930-6

REDEN UND *ZUHÖREN ÜBEN*
in Dialogen

Kapitel **6**

Der Sprechrhythmus

**Beeinflusst der Rhythmus meiner Stimme die
Wirkung von Sprache?**

Der Sprechrhythmus

Beeinflusst der Rhythmus meiner Stimme die Wirkung von Sprache?

Jeder Text hat seinen eigenen Rhythmus. Prosatexte beispielsweise haben einen ganz anderen Rhythmus als ein Gedicht. Einige Dialoge können in einem „Prosarhythmus", andere wie ein Gedicht gesprochen werden. Das heißt, dass ihr bestimmte Texte in einem passenden Tempo und einer geeigneten Lautstärke lesen müsst. Der Text verrät, wann innerhalb eines Dialoges eine Pause erfolgt, wann schneller und wann langsamer gesprochen wird.

Bei einem mündlichen Vortrag ist jedes Detail wichtig: die Sprechgeschwindigkeit, der Spannungsaufbau, die Tonlage, die Lautstärke und auch, welche Gefühle ihr mit einbringt. Der Einfluss vom Rhythmus auf den Dialog ist dabei sehr stark von den Darstellern abhängig. Gerade hier sollte der Kursleiter helfend einspringen und besondere Aufmerksamkeit zeigen.

Einen Text gut vorzutragen, bedeutet auch zu wissen, wann genau bestimmte Sätze gesagt werden müssen. Wann erhöht ihr euer Sprechtempo, wann beginnt möglicherweise der Spannungsaufbau? Gefragt ist das richtige „Timing": Dafür müsst ihr untereinander absprechen, ob und wann ihr während des Dialoges Requisiten austauscht, wann der eigene Part anfängt und wie die Interaktion mit dem Dialogpartner aussieht. Überlegt euch gründlich, wie ihr etwas sagt. Zum Beispiel: Im Dialog 50 „Toilette" sitzt Anke auf der Toilette, während Bernd sich mit ihr unterhält. Neben einigen Pausen enthält das Gespräch auch Phasen, in denen schnell geredet wird. Der Umgang mit den einzelnen Sätzen und Wörtern, die Sprechgeschwindigkeit und die besondere Betonung entscheiden hier über den Rhythmus des Dialogs.

Hinweis für den Lehrer bzw. Kursleiter:

Im Schauspiel unerfahrene Jugendliche empfinden Gesprächspausen oft als unangenehm. Sie haben schnell das Gefühl, dass zu wenig passiert und der Dialog zu langweilig wirkt. Machen Sie ihnen klar, dass dies nicht der Fall ist. Gerade durch Pausen wird Spannung häufig erst aufgebaut. Wenn das Tempo zurückgenommen wird, bekommt das Publikum Gelegenheit, sich mit der Situation der einzelnen Charaktere zu beschäftigen und sich in den Dialog einzufühlen.

© Verlag an der Ruhr • Postfach 10 22 51 • 45422 Mülheim an der Ruhr • www.verlagruhr.de • ISBN 3-86072-930-6

45 | Gut drauf

 <u>Zwei Mädchen</u>　　☐ Konfliktsituation
☐ Spannungsaufbau　　☐ Gefühlslage
☒ Wendepunkt　　☒ Typen und Klischeefiguren
☒ Improvisationsmöglichkeit　　☒ Humor

⇨ Die beiden Charaktere scheinen wirklich nur eine Stimme zu besitzen. An den Satz der einen schließt die andere sofort an. Hier ist ein extrem gutes Timing gefragt. Beide Stimmen müssen ihren Rhythmus aufeinander abstimmen. Versucht als Darsteller, eure Stimmen wirklich wie eine einzige klingen zu lassen. Allerdings könnt ihr auch ausprobieren, wie der Dialog wirkt, wenn ihr jeweils einen vollkommen entgegengesetzten Sprechrhythmus benutzt.

▶▶▶ *Josephine:* **Gut drauf sein kennt keine Grenzen. Hey! Wir kennen keine Grenzen.**

Wendy: **Wir sind gut drauf mit Leib und Seele. Wir langweilen uns nie.**

Josephine: **Manchmal lesen wir in der Zeitung ...**

Wendy: **... über Geschehnisse von gestern.**

Josephine: **Dann sagen wir: „Ach, Gottchen" ...**

Wendy: **... und rufen geschockt: „Oooh!"**

Josephine: **Und dann schütteln wir vielsagend unseren Kopf ...**

Wendy: **... und bei „Glücksrad" ...**

Josephine: **... wissen wir das Wort ...**

Wendy: **... früher als die Kandidaten.**

Josephine: **Dann lachen wir sie aus ...**

Wendy: **... oder gehen im Park spazieren ...**

Josephine: **... und sagen, was für ein schönes Wetter wir haben, ...**

© Verlag an der Ruhr • Postfach 10 22 51 • 45422 Mülheim an der Ruhr • www.verlagruhr.de • ISBN 3-86072-930-6

Wendy:	***... aber dass es aussieht, als würde es morgen regnen.***
Josephine:	***Und im Supermarkt ...***
Wendy:	***... gibt es immer ein Angebot, ...***
Josephine:	***... das billiger geworden ist.***
Wendy:	***Dann kaufen wir das ...***
Josephine:	***... und essen einen Keks zum Tee, ...***
Wendy:	***... wenn wir einander nichts zu sagen haben, ...***
Josephine:	***... was nie passiert, ...***
Wendy:	***... solche Momente, in denen du den anderen nicht mehr sehen kannst, ...***
Josephine:	***... was nie passiert, ...***
Wendy:	***... dass man ihm am liebsten einen Keks in seinen Hintern schieben möchte.***
Josephine:	***Was?!***
Wendy:	***Die ganze Packung Kekse in den Hintern. Und dann rufen wir, wie ... Und dass wir uns nie langweilen.***
	(Pause)
Josephine:	***Nein, wir langweilen uns nie.***

© Verlag an der Ruhr • Postfach 10 22 51 • 45422 Mülheim an der Ruhr • www.verlagruhr.de • ISBN 3-86072-930-6

46 | Schade

Zwei Mädchen

☒ Spannungsaufbau
☐ Wendepunkt
☒ Improvisationsmöglichkeit

☐ Konfliktsituation
☐ Gefühlslage
☐ Typen und Klischeefiguren
☐ Humor

⇨ Dieser kurze Dialog eignet sich sehr gut als kurze Improvisationsübung und hilft euch, ein Gefühl für den Rhythmus zu entwickeln. Variiert euren Sprechrhythmus, wenn ihr den Dialog wiederholt und überlegt, welche Wirkung das für die Aussage des Gesprächs hat. Der Dialog präsentiert eine kleine emotionale Steigerung: Die Enttäuschung wird jedenfalls ein bisschen größer im Verlauf der Unterhaltung. Wie lässt sich das in Bezug auf den Rhythmus umsetzen?

▶▶▶ Sonja: **Eigentlich ein bisschen schade.**

Cindy: **Ein bisschen?**

Sonja: **Ein bisschen viel.**

Cindy: **Sehr schade.**

Sonja: **Ja.**

Cindy: **Da kann man nichts mehr machen.**

Sonja: **Nein.**

Cindy: **Schade.**

© Verlag an der Ruhr • Postfach 10 22 51 • 45422 Mülheim an der Ruhr • www.verlagruhr.de • ISBN 3-86072-930-6

47 | Morgen

Zwei Jungen   ☐ Konfliktsituation

☐ Spannungsaufbau   ☐ Gefühlslage

☐ Wendepunkt   ☐ Typen und Klischeefiguren

☒ Improvisationsmöglichkeit   ☒ Humor

➡ Erik möchte eine Geschichte erzählen und Robert versucht offensichtlich, ihm dabei zu helfen. Überlegt euch gut, an welcher Stelle Robert mit seinen Einwürfen Erik unterbricht. Erik muss schließlich versuchen, seine Geschichte zu beenden und gleichzeitig damit rechnen, dass Robert ihn immer wieder stört. Vielleicht ergibt sich eine Art „Wettkampf" zwischen beiden? Es liegt bei euch, die genaue Wirkung dieses Dialogs zu bestimmen.

▶▶▶ **Erik:**   **Es war ein stiller Morgen.**

Robert: **Ruhiger Morgen.**

Erik: **Nur die Vögel sangen leise.**

Robert: **Und die Enten quakten.**

Erik: **Etwas zu laut.**

Robert: **Ein wenig zu laut.**

Erik: **Zu schrill.**

Robert: **So dass du nicht mehr schlafen konntest.**

Erik: **Aufgewacht.**

Robert: **Mit Wut im Bauch.**

Erik: **Als ob jemand absichtlich in deinem Ohr eine Ente nachmacht.**

© Verlag an der Ruhr • Postfach 10 22 51 • 45422 Mülheim an der Ruhr • www.verlagruhr.de • ISBN 3-86072-930-6

REDEN UND ZUHÖREN ÜBEN
in Dialogen

48 | Leise

© Verlag an der Ruhr • Postfach 10 22 51 • 45422 Mülheim an der Ruhr • www.verlagruhr.de • ISBN 3-86072-930-6

Junge/Mädchen

- ☒ Spannungsaufbau
- ☐ Wendepunkt
- ☒ Improvisationsmöglichkeit
- ☐ Konfliktsituation
- ☐ Gefühlslage
- ☐ Typen und Klischeefiguren
- ☒ Humor

➡ Karl versucht ständig, Angela zum Schweigen zu bringen. Daher muss genau geklärt werden, zu welchem Zeitpunkt Karl ihr ins Wort fällt. Auch die Lautstärke spielt hier eine Rolle. Ändern sich Lautstärke und Sprechtempo vielleicht gemeinsam mit dem Sprechrhythmus? Probiert unterschiedliche Möglichkeiten aus.

▶▶▶ *Karl:* **Sei mal leise.**

Angela: **Hörst du etwas?**

Karl: **Psst!**

Angela: **Was hörst du denn?**

Karl: **Jetzt warte.**

Angela: **Hörst du jemanden?**

(Karl deutet ihr an, leise zu sein.)

Angela: **Ist es Jochen? Nein, oder? Nicht Jochen. Da habe ich jetzt keine Lust drauf. Der hält nicht mal für eine Minute den Mund.**

Karl: **Psst!**

Angela: **Ist es Jochen?**

(Karl lauscht mit voller Aufmerksamkeit.)

Angela: **Es ist Jochen. Unser Glück mal wieder. Sehr toll. Da sind wir mal zu zweit ...**

(Karl lauscht.)

Karl: **Nein. Falscher Alarm.**

Angela: **Puh! Ich dachte schon, es wäre Jochen.**

49 | Schätzchen

Mädchen/Junge

☐ Spannungsaufbau
☐ Wendepunkt
☒ Improvisationsmöglichkeit

☐ Konfliktsituation
☒ Gefühlslage
☐ Typen und Klischeefiguren
☒ Humor

⇒ Ein Paar gibt sich einander Kosenamen, bis einer den Gesprächsrhythmus stört, weil er keinen Tierkosenamen mehr erfindet. Macht diese Störung sichtbar und weitet die darauf folgende Pause entsprechend aus. Die Charaktere sollten nervös klingen, bevor sie am Ende den anfänglichen Rhythmus wieder finden.

▶ ▶ ▶ Jan: **Hummelchen.**

Meike: **Bienchen.**

Jan: **Würmchen.**

Meike: **Fliegchen.**

Jan: **Schätzchen.**

Meike: **Schätzchen?**

Jan: **Schätzchen.**

Meike: **Oh.**

Jan: **Ist Liebling o.k.? ...**

(Pause)

Jan: **Käferchen?**

Meike: **Mein Ameischen.**

Jan: **Spinnchen.**

© Verlag an der Ruhr • Postfach 10 22 51 • 45422 Mülheim an der Ruhr • www.verlagruhr.de • ISBN 3-86072-930-6

REDEN UND ZUHÖREN ÜBEN
in Dialogen

50 | Toilette

Mädchen/Junge
- ☐ Spannungsaufbau
- ☐ Wendepunkt
- ☒ Improvisationsmöglichkeit

- ☒ Konfliktsituation
- ☒ Gefühlslage
- ☐ Typen und Klischeefiguren
- ☒ Humor

⇨ Hier ist der Dialog in Wirklichkeit fast ein Monolog.
Bernd scheint sich für irgendetwas entschuldigen zu müssen.
Die vielen Pausen verraten, dass ihm das recht schwer fällt.
Auch sein Sprechrhythmus sollte zeigen, wie ihm zumute ist.
Versucht einmal, den Sprechrhythmus der problematischen
Situation anzupassen. Möglicherweise meint Bernd seine
Entschuldigungsversuche auch gar nicht ernst. Vielleicht steht er
sogar zusammen mit seinen Freunden vor der Tür. Auch das
sollte man an der Art des Sprechens erkennen.

(Anke hat sich in der Toilette eingeschlossen.)

▶▶▶ Bernd: **Komm raus!**

Anke: **Nein.**

Bernd: **Bitte.**

Anke: **Nein.**

Bernd: **Ich werde das nie mehr machen. (Pause) Ich verspreche es.
(Pause) Es tut mir Leid, vor allem das mit dem Sirup. Das ging
zu weit. Ich weiß. Und der Apfelsaft. Was habe ich mir dabei
gedacht? Das war nicht witzig, oder? (Pause) Nein, das war
nicht witzig. Auch nicht ein wenig? (Pause) Nein, auch nicht
ein wenig. Anke?**

Anke: **Ja?**

Bernd: **Bist du noch da?**

Anke: **Was denkst du denn?**

© Verlag an der Ruhr • Postfach 10 22 51 • 45422 Mülheim an der Ruhr • www.verlagruhr.de • ISBN 3-86072-930-6

Bernd: *Ich habe nichts gehört. (Pause) Ich bin auch ein Idiot, ein großer Idiot. Was hab ich mir bloß dabei gedacht? Ich hab sogar mit Jakob deine Kleider angezogen. Hätte ich nicht tun sollen, oder? Nein. (Pause) Kommst du raus?*

Anke: *Nein.*

Bernd: *Warum nicht?*

Anke: *Weil ich gerade auf der Toilette sitze.*

© Verlag an der Ruhr • Postfach 10 22 51 • 45422 Mülheim an der Ruhr • www.verlagruhr.de • ISBN 3-86072-930-6

51 | Eine Tasse Zucker

Mädchen/Junge
☒ Spannungsaufbau
☐ Wendepunkt
☒ Improvisationsmöglichkeit

☒ Konfliktsituation
☒ Gefühlslage
☐ Typen und Klischeefiguren
☐ Humor

⇨ Was genau passiert eigentlich in diesem Dialog? Mit wem reden die Figuren? Miteinander, vor einem Publikum?
Der Rhythmus in dieser Szene muss erneut beide Stimmen zusammenführen. Offensichtlich erzählen beide von der gleichen Situation. Vielleicht gelingt es euch, durch eine besondere rhythmische Gestaltung etwas mehr Klarheit in den Dialog zu bringen.

▶▶▶ **Robert:** *Gestern ist sie bei mir vorbeigekommen.*

Martina: *„Ich habe keinen Zucker mehr."*

Robert: *Sie hatte eine Tasse in der Hand.*

Martina: *Die hat er bis zum Rand voll gefüllt.*

Robert: *Sie blieb noch eine Weile stehen und dann ...*

Martina: *... lief sie verzweifelt weg.*

Robert: *Wir haben ihr noch zugewunken.*

Martina: *Aber hat sie zurückgewunken?*

Robert: *Sie hat sich nicht mal mehr umgedreht.*

Martina: *Sie lief schnurstracks geradeaus.*

Robert: *Als ob sie wütend oder beleidigt gewesen wäre.*

Martina: *Dass ich schon Kaffee getrunken hatte.*

Robert: *Obwohl sie ruhig hätte bleiben können.*

Martina: *Aber das wusste sie nicht.*

Robert: *Vielleicht kommt sie nochmal vorbei.*

© Verlag an der Ruhr • Postfach 10 22 51 • 45422 Mülheim an der Ruhr • www.verlagruhr.de • ISBN 3-86072-930-6

Martina: **Wenn ich nicht da bin.**

Robert: **Dann frage ich, ob sie hereinkommen möchte.**

Martina: **Und dann schüttelt sie den Kopf.**

Robert: **„Ja, schön, dass du mich fragst", wird sie positiv überrascht rufen und dann sitzen wir auf der Couch, sie rückt ein wenig näher, sie zögert, lächelt und dann spricht sie mich an.**

Martina: **Aber plötzlich komme ich nach Hause und verprügle sie. Traurig – aber so ist das Leben.**

© Verlag an der Ruhr • Postfach 10 22 51 • 45422 Mülheim an der Ruhr • www.verlagruhr.de • ISBN 3-86072-930-6

REDEN UND ZUHÖREN ÜBEN
in Dialogen

52 | Nägel

Junge/Mädchen

☐ Spannungsaufbau

☒ Wendepunkt

☒ Improvisationsmöglichkeit

☒ Konfliktsituation

☐ Gefühlslage

☐ Typen und Klischeefiguren

☐ Humor

➡ Zunächst wird eine Spannung aufgebaut, die für Josefine in einer großen Enttäuschung endet. Probiert unterschiedliche Gefühle aus, die Bert spielen kann. Klingt er selbst auch enttäuscht, ist er wütend, traurig, gleichgültig? Kann ein bestimmter Sprechrhythmus euch vielleicht bei der Darstellung helfen?

▶▶▶ Bert: **Was machst du da?**

Josefine: **Das sieht man doch?**

Bert: **Du lackierst dir die Nägel.**

Josefine: **Ja.**

Bert: **Für heute Abend?**

Josefine: **Ja.**

Bert: **Hör auf damit. Daraus wird nichts.**

© Verlag an der Ruhr • Postfach 10 22 51 • 45422 Mülheim an der Ruhr • www.verlagruhr.de • ISBN 3-86072-930-6

53 | Was macht die Kuh?

 Zwei Jungen

☒ Spannungsaufbau
☐ Wendepunkt
☒ Improvisationsmöglichkeit

☐ Konfliktsituation
☐ Gefühlslage
☐ Typen und Klischeefiguren
☒ Humor

⇨ Dieser Dialog erinnert auf den ersten Blick an ein Fragequiz. Versucht, hier einen sehr schnellen Sprechrhythmus aufzubauen. Frage und Antwort sollten fast ohne Pause ineinander übergehen. Gerade während der etwas längeren und komplizierten Textpassage von Martin ist es schwer, nicht aus dem Rhythmus zu kommen. Fangt mit einem langsamen Sprechrhythmus an, den ihr dann nach und nach steigert.

▶▶▶ Martin: **Tee ist ...**

Walter: **Getrocknete Blätter.**

Martin: **Kaffee ist ...**

Walter: **Gebrannte Bohnen. Oder gemahlen.**

Martin: **Milch ist ...**

Walter: **Ja, Milch ist Milch. Milch wird nicht aus etwas Bestimmtem gemacht.**

Martin: **Ach, ist das so? Was essen Kühe denn?**

Walter: **Kühe essen im Allgemeinen Gras und Disteln.**

Martin: **Und was produzieren Kühe?**

Walter: **Milch und Kuhfladen.**

Martin: **Also was ist Milch?**

Walter: **Gras oder Disteln?**

Martin: **Oder?**

Walter: **Oder ... was?**

© Verlag an der Ruhr • Postfach 10 22 51 • 45422 Mülheim an der Ruhr • www.verlagruhr.de • ISBN 3-86072-930-6

6

Martin:	**Was macht die Kuh?**
Walter:	**Die Kuh macht muh?**
Martin:	**Ja, die Kuh macht muh. Und rennt die Kuh, springt sie, tanzt sie?**
Walter:	**Hmm, keine Ahnung.**
Martin:	**Warum käut die Kuh wieder?**
Walter:	**Nahrungsmangel?**
Martin:	**Könnte man nicht auch davon ausgehen, dass Milch ein Gemisch ist aus gemahlenen Disteln und Gras, welche mit eingeatmeten H^20, Wasser und Sauerstoff im Magen der Kuh oxidieren? Das Ganze kondensiert dank eines Tänzchens, eines Sprungs, eines Sprints und wird geschüttelt und gerührt, wodurch eine milchige Substanz in die Euter gelangt, die, falls gut gemolken, nach draußen kommen will.**
Walter:	**Ja, das könnte sein.**

© Verlag an der Ruhr • Postfach 10 22 51 • 45422 Mülheim an der Ruhr • www.verlagruhr.de • ISBN 3-86072-930-6

REDEN UND ZUHÖREN ÜBEN
in Dialogen

Kapitel 7

Die Emotionen

Tränen, Lachen, Trauer, Freude –
Wie verändern meine Gefühle Sprache?

Die Emotionen

Tränen, Lachen, Trauer, Freude – wie verändern meine Gefühle Sprache?

Ein Dialog löst bereits beim Lesen Gefühle aus. Schnell merkt man, dass bestimmte Sätze eine Spannung aufbauen, ein besonderes Gefühl oder sogar mehrere Gefühle hervorrufen. Ein Gespräch ganz ohne Gefühle ist undenkbar. Vielleicht versuchen die Charaktere gleichgültig und unbeteiligt zu wirken. In einem solchen Fall sind die Emotionen zwar verborgen, aber immer noch da. So wird beispielsweise von Nachrichtensprechern erwartet, dass sie keine Gefühle zeigen, wenn sie die Nachrichten vorlesen. Manchmal könnt ihr allerdings sehen, dass dies nicht ganz gelingt. Und wenn ein Schauspieler im Theater bei dem, was er darstellt, nichts empfinden würde, wäre das ganz sicher nicht so interessant.

Die Herausforderung, wenn ihr einen Text laut vorlest oder szenisch darstellt, ist daher sehr groß: Ihr müsst die im Text verborgenen Gefühle erkennen und als Darsteller umsetzen. Emotionen zu spielen, bedeutet dabei nicht, Gefühle stark übertrieben sichtbar zu machen. Die Darstellung ist meistens besonders gelungen, wenn beherrscht gesprochen und dadurch Spannung aufgebaut wird. Am besten, ihr orientiert euch an Gefühlen, die ihr aus eurem Alltag kennt. Manchmal allerdings dürft ihr bei einem Dialog übertreiben und richtig „dick auftragen". Gerade ein lächerlich wirkender Dialog kann es durchaus vertragen, wenn ihr euren Text stark betont und ein so genanntes „overacting" betreibt.

Hinweis für den Lehrer bzw. Gruppenleiter:

Der Lehrer oder Gruppenleiter sollte vor jedem Dialog überlegen, ob die darzustellenden Gefühle überhaupt von allen Jugendlichen gespielt werden können. Vielleicht können sich jüngere Spieler in bestimmte Dialoge gar nicht hineinversetzen. In einem solchen Fall ist es wenig sinnvoll, diese Jugendlichen als Darsteller einzusetzen. Auch, weil sich dadurch die Aussage des Textes möglicherweise vollkommen ändern würde.

© Verlag an der Ruhr • Postfach 10 22 51 • 45422 Mülheim an der Ruhr • www.verlagruhr.de • ISBN 3-86072-930-6

54 | Gute Nacht

 Mädchen/Junge

☒ Spannungsaufbau ☒ Konfliktsituation

☒ Wendepunkt ☐ Gefühlslage

☒ Improvisationsmöglichkeit ☐ Typen und Klischeefiguren

☐ Humor

Überlegt euch, welches Requisit helfen kann, den absurden Charakter des Dialogs zu verstärken. Vielleicht irgendeine altmodische Tatwaffe?

Überlegt euch, welches Gefühl bei der Darstellung entscheidend sein kann. Ihr könnt den Text melodramatisch sprechen oder aber nüchtern und sachlich. Die Lautstärke richtet sich nach den dargestellten Emotionen. Angst kann sich z.B. in lauten Schreien oder aber in leisem Wimmern äußern. Wichtig ist auch die Situation, in der sich die Charaktere befinden. Was tun sie eigentlich gerade? Überlegt euch verschiedene Möglichkeiten!

▶▶▶ *Tobias:* **Bitte bring mich nicht um.**

Frauke: **Ich will es aber so gerne.**

Tobias: **Bitte tu es nicht.**

Frauke: **Was soll ich denn sonst machen?**

Tobias: **Hm ... Na dann. In Ordnung.**

Frauke: **Bist du sicher?**

Tobias: **Jaja, beeil dich, Mann!**

Frauke: **Aber nicht nachher sagen: Jaaaa, aber so hab ich es ja nicht gemeint.**

Tobias: **Ach, weißt du was. Dann schlafen wir beide noch eine Nacht drüber und reden morgen noch mal.**

Frauke: **O.K. Gute Nacht.**

Tobias: **Gute Nacht.**

© Verlag an der Ruhr • Postfach 10 22 51 • 45422 Mülheim an der Ruhr • www.verlagruhr.de • ISBN 3-8607-930-6

55 | Hässlich

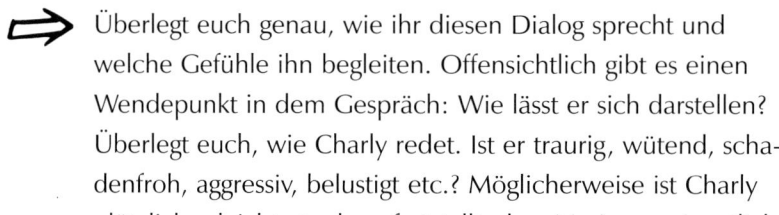

Mädchen/Junge

☐ Spannungsaufbau
☒ Wendepunkt
☒ Improvisationsmöglichkeit

☐ Konfliktsituation
☒ Gefühlslage
☐ Typen und Klischeefiguren
☒ Humor

⇨ Überlegt euch genau, wie ihr diesen Dialog sprecht und welche Gefühle ihn begleiten. Offensichtlich gibt es einen Wendepunkt in dem Gespräch: Wie lässt er sich darstellen? Überlegt euch, wie Charly redet. Ist er traurig, wütend, schadenfroh, aggressiv, belustigt etc.? Möglicherweise ist Charly plötzlich erleichtert, als er feststellt, dass Marianne eigentlich gar nicht hässlich ist.

▶▶▶ **Charly:** *Ich finde dich so hässlich.*

Marianne: *Hässlich?*

Charly: *Ich finde dich so extrem hässlich. Das musste ich einfach eben loswerden. Jedes Mal, wenn ich dich sehe, denke ich mir: Ist die hässlich!*

Marianne: *Na. So was sagt man doch nicht.*

Charly: *Ich bin sehr ehrlich.*

Marianne: *Warum findest du mich hässlich?*

Charly: *Du bist einfach hässlich.*

Marianne: *Was genau ist hässlich? Meine Nase? Meine Ohren? Meine Wangen? Augenbrauen?*

Charly: *Alles eigentlich.*

Marianne: *Erklär mal!*

Charly: *Hässlich einfach.*

Marianne: *Wie hässlich? Was genau ist hässlich? Was? Und warum?*

© Verlag an der Ruhr • Postfach 10 22 51 • 45422 Mülheim an der Ruhr • www.verlagruhr.de • ISBN 3-86072-930-6

Charly:	**Deine Nase.**
Marianne:	**Was ist mit meiner Nase? Sie ist nicht schief. Nicht zu lang. Nicht zu breit. Die Nasenlöcher nicht zu groß.**
Charly:	**(betrachtet Mariannes Nase) Ja. Deine Nase geht eigentlich.**
Marianne:	**Ich habe schöne Haut. Keine Pickel.**
Charly:	**Keine Pickel.**
Marianne:	**Keine Brille.**
Charly:	**Keine Brille.**
Marianne:	**Ich bin nicht zu dick und nicht zu dünn. Meine Haare glänzen. Was genau ist jetzt hässlich? Was?**
Charly:	**Ja. Ich weiß es eigentlich auch nicht. Du bist eigentlich recht hübsch.**
Marianne:	**Danke.**

© Verlag an der Ruhr • Postfach 10 22 51 • 45422 Mülheim an der Ruhr • www.verlagruhr.de • ISBN 3-86072-930-6

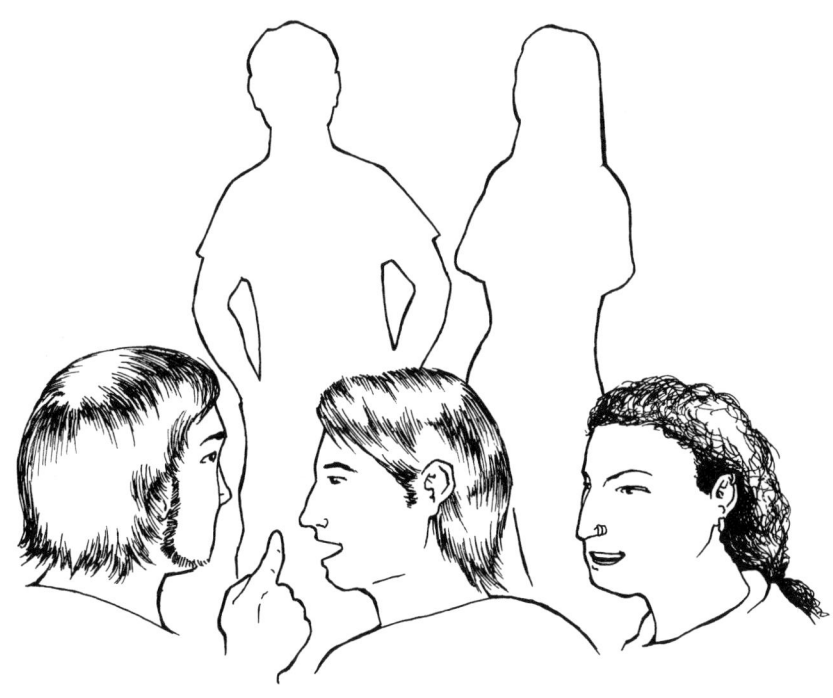

56 | Geschenk

© Verlag an der Ruhr · Postfach 10 22 51 · 45422 Mülheim an der Ruhr · www.verlagruhr.de · ISBN 3-86072-930-6

Zwei Mädchen   ☒ Konfliktsituation
☐ Spannungsaufbau   ☐ Gefühlslage
☐ Wendepunkt   ☐ Typen und Klischeefiguren
☒ Improvisationsmöglichkeit   ☐ Humor

Ein in Geschenkpapier eingepacktes Päckchen. Überlegt euch, was für ein Geschenk sich in dem Päckchen befinden sollte. Vielleicht etwas Einfaches wie ein Shampoo, ein Lippenstift etc.

Bei diesem Dialog solltet ihr verschiedene Gefühle darstellen. Melanie könnte z.B. übertrieben fröhlich das Geschenk überreichen. Lisas Vorfreude könnte in Enttäuschung umschlagen, wenn sie das Geschenk auspackt. Probiert einfach unterschiedliche Möglichkeiten aus.

▶▶▶ Melanie: **Ich habe noch ein Geschenk für dich.**

Lisa: **Für mich? Das muss nicht sein.**

Melanie: **Du hattest doch Geburtstag.**

Lisa: **Das stimmt. Das wäre doch nicht nötig gewesen!**

Melanie: **Ich hoffe, dass es dir gefällt. Ich habe lange danach gesucht.**

Lisa: **(packt das Geschenk aus) Danke!**

Melanie: **Gefällt es dir?**

Lisa: **Ja. Sehr schön.**

Melanie: **Echt?**

Lisa: **Ja doch.**

Melanie: **Ich fand es so schwierig, was für dich auszusuchen. Ich hatte Angst, dass du es schon hast. Hast du es auch noch nicht?**

Lisa: **Eigentlich schon. Macht aber nichts! Kann man immer brauchen!**

Melanie: **Oh. Ich hielt es für ein originelles Geschenk. Also nicht.**

57 | Florian und Julia

Mann/Frau   ☒ Konfliktsituation
☒ Spannungsaufbau   ☒ Gefühlslage
☐ Wendepunkt   ☐ Typen und Klischeefiguren
☒ Improvisationsmöglichkeit   ☐ Humor

Ein großes Messer, evtl. eine Zwiebel und ein Schneidebrett

Hier könnt ihr üben, verborgene Gefühle darzustellen. Denn zunächst wirkt der Dialog ausgeglichen und recht nüchtern. Überlegt euch, wie ihr bei einem solchen Gespräch reagieren würdet? Wärt ihr eifersüchtig, würdet aber versuchen, das nicht zu zeigen? Warum redet Ned plötzlich von einer anderen Frau? Eure Aufgabe ist es nun, den Zuhörern nicht nur den geschriebenen Text mitzuteilen, sondern auch verborgene Gefühle der beiden Charaktere. Ihr müsst dafür sorgen, dass das Publikum die Gedanken der Schauspieler erahnt. Legt Pausen ein, die auch dem Zuhörer Zeit geben, über die Situation nachzudenken.

(Ned erscheint mit roten Augen und einem großen Messer in den Händen.)

▶▶▶   Ned: **Julia. Kennst du Julia noch?**

(Pause)

Ich muss auf einmal an Julia denken. Ich war dabei, die Zwiebel zu schneiden und dachte: Julia. Was für ein nettes Mädchen. Wenn ich nicht mit dir verheiratet wäre.

Silvia: **Aber ja.**

Ned: **Ja.**

Silvia: **Gerald war auch nett. Ich weiß noch, dass Gerald mich mitten in der Nacht angerufen hat. Oder Florian. Du kanntest Florian doch?**

© Verlag an der Ruhr • Postfach 10 22 51 • 45422 Mülheim an der Ruhr • www.verlagruhr.de • ISBN 3-86072-930-6

Ned: *Ja. Ich kannte Florian sogar sehr gut.*

Silvia: *Ja, das hat er mir mal erzählt, ja.*
Auf unserem Hochzeitsempfang.

Ned: *Florian ist mit Julia verheiratet.*

Silvia: *Oh, daher kanntest du ihn.*

Ned: *Ich mach hier mal weiter.*

Silvia: *Was für ein schönes Paar sie doch sind. Sie scheinen glücklich*
zusammen.

Ned: *Das Essen ist in zehn Minuten fertig.*

© Verlag an der Ruhr • Postfach 10 22 51 • 45422 Mülheim an der Ruhr • www.verlagruhr.de • ISBN 3-86072-930-6

58 | Umfrage

Mädchen/Mann ☒ Konfliktsituation
☒ Spannungsaufbau ☐ Gefühlslage
☐ Wendepunkt ☐ Typen und Klischeefiguren
☒ Improvisationsmöglichkeit ☐ Humor

Schreibblock, Stift oder ein vorgedruckter Fragebogen.

➡ Claudia scheint ein sehr impulsiver Mensch zu sein. Der Dialog zeigt deutlich eine Gefühlssteigerung. Anfangs erinnert er auch an Umfrage- oder Interviewsituationen, wie wir sie alle kennen. Dann aber wird der Tonfall persönlicher, denn offenbar steigt Claudias Wut. Versucht, diese Steigerung überzeugend darzustellen. Überlegt euch, was Gerald empfindet. Reagiert er ebenso wütend oder ist er eher gleichgültig, verständnislos, angenervt etc.?

▶▶▶ **Claudia:** *Darf ich Sie etwas fragen? Es geht um eine Umfrage.*

Gerald: *Äh ... ja.*

Claudia: *Essen Sie Vollkorn- oder Weißbrot?*

Gerald: *Vollkorn. Manchmal Weißbrot.*

Claudia: *Dann kreuze ich Vollkorn an.*
Wie oft essen Sie Rosinenbrötchen?

Gerald: *Manchmal.*

Claudia: *Einmal im Monat? Zweimal im Monat?*
Einmal die Woche? Zweimal die Woche? Öfter?

Gerald: *Zweimal im Monat, glaube ich.*

Claudia: *Wie oft essen Sie Toastbrot?*
Essen Sie helles oder dunkles Toastbrot?

Gerald: *Einmal die Woche. Helles.*

© Verlag an der Ruhr • Postfach 10 22 51 • 45422 Mülheim an der Ruhr • www.verlagruhr.de • ISBN 3-86072-930-6

Claudia:	Ich dachte, Sie mögen kein Weißbrot.
Gerald:	Bei normalem Brot. Bei Toastbrot esse ich immer das ganz helle.
Claudia:	Jaja. Schon ein bisschen seltsam. Sie essen immer Vollkornbrot und beim Toastbrot plötzlich das weiße.
Gerald:	Ich esse manchmal Weißbrot. Toast oder Brötchen.
Claudia:	Damit kommen Sie jetzt.
Gerald:	Das hatte ich doch geantwortet: Manchmal Weißbrot.
Claudia:	Hören Sie, ich mache eine Umfrage. Es wäre reizend, wenn Sie deutliche Antworten geben könnten.
Gerald:	Ich bin deutlich.
Claudia:	Manchmal, ab und zu, ... das nützt mir nichts.
Gerald:	Das ist dann Ihr Problem.
Claudia:	Auch Ihr Problem, mein Herr. Ich wollte Ihnen eine Apfeltasche anbieten. Als Dankeschön für Ihre Mithilfe, aber das können Sie jetzt vergessen.
Gerald:	Ich mag Apfeltaschen nicht mal. Ich mag allerdings Apfelkrapfen und Apfelstrudel. Aber Äpfel, so frisch auf der Hand, die mag ich gar nicht. Apfeleis finde ich wiederum herrlich. Oder gebackene Äpfel auf Weißbrot, hmmmm! Auf weißem, hören Sie? Auf Vollkornbrot sind sie ekelhaft. Auf Rosinenbrötchen erst recht. Schreiben Sie das ja auf.

© Verlag an der Ruhr • Postfach 10 22 51 • 45422 Mülheim an der Ruhr • www.verlagruhr.de • ISBN 3-86072-930-6

59 | Meerschweinchen

Zwei Jungen ☒ Konfliktsituation
☐ Spannungsaufbau ☒ Gefühlslage
☐ Wendepunkt ☐ Typen und Klischeefiguren
☒ Improvisationsmöglichkeit ☐ Humor

⇨ Vorwürfe und Anschuldigungen kommen sehr oft in Dialogen vor. Überlegt euch, wie ihr das Gespräch gestaltet, ohne allzu übertrieben zu wirken. Schreien sich die beiden Charaktere vielleicht schon an oder ist es eine sehr ruhige Auseinandersetzung? Ihr könnt beide Versionen ausprobieren und anschließend beurteilen, welche überzeugender wirkt. Der letzte Satz kann etwas Negatives oder auch Positives bedeuten. Wirkt Simon fröhlich oder scheint er sich rächen zu wollen?
Ihr seht, hier kommt es auf euch und eure Interpretation des Textes an!

▶▶▶ **Anton:** **Hast du das Meerschweinchen gefüttert?**

Simon: **Das machst du doch immer.**

Anton: **Du kannst es auch mal machen.**

Simon: **Ich achte nicht auf das Vieh.**

Anton: **Es ist deins.**

Simon: **Nein.**

Anton: **Du hast es zum Geburtstag bekommen. Von Marianne.**

Simon: **Ach ja.**

Anton: **Dass du das nicht mehr weißt.**

Simon: **Ich weiß es wieder. Marianne. Wann hat Marianne Geburtstag?**

Anton: **Im Januar.**

Simon: **Dann bekommt sie von mir einen Hund.**

© Verlag an der Ruhr • Postfach 10 22 51 • 45422 Mülheim an der Ruhr • www.verlagruhr.de • ISBN 3-86072-930-6

60 | Da liegt sie

Mädchen/Junge
- [ ] Spannungsaufbau
- [ ] Wendepunkt
- [x] Improvisationsmöglichkeit
- [ ] Konfliktsituation
- [x] Gefühlslage
- [ ] Typen und Klischeefiguren
- [ ] Humor

➡️ In diesem absurden Dialog könnt ihr euch sozusagen richtig austoben. Offenbar lässt diese Figuren einfach alles kalt, selbst der Tod ihres Haustiers. Diese Gefühlskälte könnt ihr ruhig sehr übertrieben darstellen. Die Wirkung des Dialogs hängt von eurer Darstellung ab. Er kann sehr unterhaltsam und amüsant erscheinen, möglicherweise aber auch sehr traurig.

▶▶▶ Corinna: **Die Katze ist überfahren worden.**

Sebastian: **Aha.**

Corinna: **Sie liegt vorne auf der Straße.**

Sebastian: **O.k.**

Corinna: **Wenn du sie also suchst, da liegt sie.**

Sebastian: **Gut.**

Corinna: **Du kannst das Katzenfutter also von der Einkaufsliste streichen.**

Sebastian: **Mach ich. (Pause)**

Corinna: **Vielleicht sollten wir uns jetzt einen Hund anschaffen.**

Sebastian: **Mach ruhig. (Pause)**

Corinna: **O.k., dann werde ich mal eben einen Hund kaufen.**

Sebastian: **Tschüss.**

Corinna: **Bis gleich.**

Sebastian: **Jepp.**

© Verlag an der Ruhr • Postfach 10 22 51 • 45422 Mülheim an der Ruhr • www.verlagruhr.de • ISBN 3-86072-930-6

61 | Bist du verliebt?

Mädchen/Junge   ☐ Konfliktsituation
☐ Spannungsaufbau   ☒ Gefühlslage
☒ Wendepunkt   ☐ Typen und Klischeefiguren
☒ Improvisationsmöglichkeit   ☐ Humor

⇨ Petra wirkt recht reizbar und launisch. Sie ist die Angreiferin, während Martin sich zu verteidigen scheint. Überlegt euch vorher, wie ihr diese offensichtlich sehr unterschiedlichen Charaktere darstellt. Oder versucht einmal einen Rollentausch. Lasst Martin von einem Mädchen und Petra von einem Jungen sprechen. Ändert sich dadurch die Wirkung des Dialogs? Was passiert, wenn Frauen- und Männerrollen vertauscht werden?

▶▶▶   *Martin:*   **Bist du verliebt oder so?**

    Petra: **Nein. (Pause) Wieso denkst du das?**

   Martin: **Was?**

    Petra: **Dass ich verliebt bin.**

   Martin: **Was weiß ich.**

    Petra: **Sehe ich verliebt aus?**

   Martin: **Was weiß ich. Was interessiert mich das?**

    Petra: **Warum fragst du dann, Blödmann!**

   Martin: **Ich hab bloß irgendwas dahergeredet.**

    Petra: **Sag mal ehrlich, wenn du mich ansiehst, sehe ich dann extra schön aus? Strahlend und so? Verliebt? Sehe ich verliebt aus?**

   Martin: **Ich hab nur so was dahingesagt.**

    Petra: **Dann guck mich mal eben an. Und?**

   Martin: **Du siehst schon strahlend aus, ja.**

    Petra: **Wow, dann bin ich vielleicht wirklich verliebt. Irre. Aber in wen?**

© Verlag an der Ruhr • Postfach 10 22 51 • 45422 Mülheim an der Ruhr • www.verlagruhr.de • ISBN 3-86072-930-6

62 | Es ist Sommer

Mädchen/Junge   ☐ Konfliktsituation
☒ Spannungsaufbau   ☒ Gefühlslage
☐ Wendepunkt   ☐ Typen und Klischeefiguren
☒ Improvisationsmöglichkeit   ☒ Humor

⇨ Versucht, die Spannung zwischen den Charakteren darzustellen. Scheinbar möchten sich Robert und Bibi miteinander verabreden, obwohl sie das nicht direkt aussprechen. Welche Gefühle spielen hier eine Rolle? Wie könnte man die Unsicherheit der beiden Figuren darstellen?

▶ ▶ ▶   Robert: **Sollen wir heute etwas Schönes machen? (Pause)**

       Bibi: **Ja, gerne.**

       Robert: **Hast du 'ne Idee?**

       Bibi: **Nein.**

       Robert: **Was machst du gerne?**

       Bibi: **Schlittschuhlaufen.**

       Robert: **Es ist Sommer.**

       Bibi: **Ja.**

       Robert: **Mir macht eigentlich alles Spaß. Also mir ist es egal.**

       Bibi: **Mir ist es auch egal.**

       Robert: **Wenn dir was einfällt, dann sag es ruhig.**
                  Und wenn mir etwas einfällt, sage ich es.

       Bibi: **Abgemacht.**

       Robert: **Wir können auf jeden Fall, wenn es bald wieder Winter ist, einmal Schlittschuhlaufen gehen.**

       Bibi: **Das ist schön.**

       Robert: **Dann werde ich jetzt mal den Müll rausbringen.**

© Verlag an der Ruhr • Postfach 10 22 51 • 45422 Mülheim an der Ruhr • www.verlagruhr.de • ISBN 3-86072-930-6

Kapitel 8

Die Richtung

Wen spreche ich an und warum?

Die Richtung

Wen spreche ich an und warum?

Jeder vorgetragene Dialog entwickelt seine eigene Sprechrichtung. In der Regel ist der Dialog ein Gespräch zwischen zwei Beteiligten, die sich zueinander wenden, z.B. bei einem gemeinsamen Essen. Auch bei einer solchen Szene darf man allerdings den Zuhörer bzw. das Publikum nicht vergessen. Es ist absolut notwendig, sich immer so zu positionieren, dass die Zuhörer/Zuschauer den Dialog verfolgen können.

Dabei müssen nicht immer beide Gesprächspartner deutlich zu sehen sein, das hängt ganz vom jeweiligen Dialog ab. Darüber hinaus gibt es auch Dialoge, die nicht nur zwischen den beiden Sprechern, sondern auch zwischen einer Figur und dem Publikum stattfinden. Im Dialog 63 „Nervige Stimmen" könnte Kim sich z.B. den Zuhörern und nicht ihrem Vater zuwenden. Oder aber der Vater schaut das Publikum an, während die Tochter mit ihm redet. Der Dialog 64 „O.K., tschüss" zeigt eine zerstörte Beziehung. Überlegt euch, nachdem ihr den Text durchgelesen habt, wir ihr euch beim Vortragen positioniert. Oft verraten gerade die Körperhaltung und die Position der Sprecher etwas über ihr Verhältnis zueinander.

Der Dialog 65 „Am Telefon" handelt von einem doppelten Gespräch: das Telefongespräch einerseits und der Dialog zwischen den Schwestern andererseits. Hier könnt ihr einen Richtungswechsel während der Darstellung bemerken. Für die erfolgreiche Darstellung ist es manchmal wichtig, den gesamten Raum auszunutzen und die Sprechrichtung mehrmals zu ändern. Im Dialog 71 „Berühmt" spricht Nancy mit Fred, aber auch mit dem Fernsehpublikum, wenn sie Fred beschimpft. Das bietet euch eine gute Gelegenheit, eine doppelte Sprechrichtung zu üben. Überlegt euch, wo ihr anfangt, wie ihr euch bewegt und an welcher Stelle ihr welche Sätze zu eurem Dialogpartner sagt. Manchmal kann es hilfreich sein, vor und nach dem Dialog mit einem Kursleiter zusammenzuarbeiten, der auf diese Details achtet.

© Verlag an der Ruhr • Postfach 10 22 51 • 45422 Mülheim an der Ruhr • www.verlagruhr.de • ISBN 3-86072-930-6

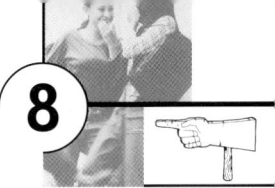

63 | Nervige Stimme

Mann/Mädchen   ☒ Konfliktsituation
☐ Spannungsaufbau   ☐ Gefühlslage
☐ Wendepunkt   ☒ Typen und Klischeefiguren
☒ Improvisationsmöglichkeit   ☐ Humor

➡ Der Vater ist offensichtlich sehr beschäftigt, denn es fällt ihm
schwer, sich auf seine Tochter und ihre Probleme zu konzentrieren. Überlegt euch, womit er beschäftigt sein könnte.
Wie versucht Kim, auf sich aufmerksam zu machen?
Wirkt sie am Ende enttäuscht oder zufrieden?

▶▶▶ Kim: **Papa?**

Albert: **Hmm.**

Kim: **Papa?**

Albert: **Ja?**

Kim: **Papa?**

Albert: **Jaahaa?**

Kim: **Papa?**

Albert: **Was ist denn?**

Kim: **In der Schule haben sie gesagt, dass ich eine nervige Stimme
habe.**

Albert: **Und was meinst du selbst dazu?**

Kim: **Ich denke, dass ich keine habe.**

Albert: **Gut so.**

Kim: **Papa?**

Albert: **Ja?**

Kim: **Und was glaubst du?**

Albert: **Frag deine Mutter.**

© Verlag an der Ruhr • Postfach 10 22 51 • 45422 Mülheim an der Ruhr • www.verlagruhr.de • ISBN 3-86072-930-6

64 | O.K., tschüss

 Mädchen/Junge

☐ Spannungsaufbau   ☒ Konfliktsituation

☐ Wendepunkt   ☒ Gefühlslage

☒ Improvisationsmöglichkeit   ☐ Typen und Klischeefiguren

    ☒ Humor

 In welche Richtung wird hier gesprochen? Redet Silvia Rolf an oder sind ihre sehr melodramatischen Sätze für ein allgemeines Publikum bestimmt? Probiert verschiedene Möglichkeiten aus!

Silvia: *Ich weiß, das ist jetzt schwierig für uns beide. Abschied nehmen ist nie einfach.*

Rolf: *Tschüss.*

Silvia: *Aber wir müssen stark sein und dürfen uns nicht unnötig quälen. Es gibt Zeiten, in denen man kommen, und Zeiten, in denen man gehen muss.*

Rolf: *Ja. Tschüss.*

Silvia: *Hier trennen sich unsere Wege und ich werde dich vermissen. Oh, wie ich dich vermissen werde. Aber das dauert noch. Jetzt ist jetzt. Und jetzt müssen wir einander die Freiheit geben und unsere eigenen Wege gehen ...*

Rolf: *O.K.*

Silvia: *... wohin sie auch immer führen. Der Weg wird lang sein und viele Hindernisse für uns bereithalten. Und wir sollten uns nicht von den verführerischen Abzweigungen beirren lassen, sondern geradeaus gehen. Vielleicht sehen wir uns am Wegende wieder. Aber bis diese Zeit kommt, sage ich: „Auf Wiedersehen! Alles Gute! Adieu! Bis dann! Adios! Au Revoir!"*

Rolf: *O.K., es reicht! (Rolf geht.)*

Silvia: *Tschüss. Bis morgen!*

© Verlag an der Ruhr • Postfach 10 22 51 • 45422 Mülheim an der Ruhr • www.verlagruhr.de • ISBN 3-86072-930-6

 REDEN UND ZUHÖREN ÜBEN
in Dialogen

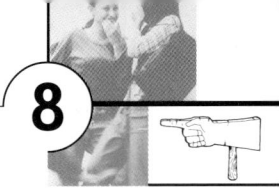

65 | Am Telefon

Zwei Mädchen ☒ Konfliktsituation
☐ Spannungsaufbau ☐ Gefühlslage
☐ Wendepunkt ☐ Typen und Klischeefiguren
☒ Improvisationsmöglichkeit ☒ Humor

Ein Telefon.

Barbara wechselt zwischen ihrem Telefongespräch und Laura hin und her. Damit ändert sich die Sprechrichtung in sehr kurzen Abständen. Die Darsteller müssen diese wechselnde Sprechrichtung deutlich machen. Denkt euch außerdem Möglichkeiten aus, wie Laura Barbaras Aufmerksamkeit auf sich zu lenken versucht. Hier könnt ihr immer ausgefallenere Ideen ausprobieren, die auch albern und übertrieben sein können.

(Der nicht fett gedruckte Text bezieht sich auf das Telefongespräch.)

▶▶▶ Barbara: *Er sagte, dass Gertrude es schrecklich fand. Lächerlich, findest du nicht? Sie hat den ganzen Abend lachend verbracht.*

Laura: **Babs, weißt du, wo meine Schuhe sind?**

Barbara: *Sie hat sich unglaublich amüsiert.*
Sie hat mit jedem Mann geflirtet.

Laura: **Babs, einen Moment bitte. Weißt du, wo meine Schuhe sind?**

Barbara: *Ja. Nein. Macht sie immer. Warte mal.* **Du siehst doch, dass ich telefoniere?** *Ja, red weiter.*

Laura: **Jetzt antworte mir bitte. Ich wollte schon längst weg sein.**

Barbara: *Hat sie das wirklich gesagt? Das glaube ich dir nicht.*

Laura: **Jetzt tu nicht so. Hilf mir doch mal.**

Barbara: *Wie kindisch. Typisch Gabi.* **Ich weiß nicht, wo deine Schuhe sind.** *'Tschuldigung, ich habe gerade Laura was gesagt.*
Sie quengelt immer weiter. Aber jetzt zurück zu Gabi.

Laura:	**Die blauen, die ich seit kurzem habe.**
Barbara:	**Das weiß ich nicht!** Nein, Entschuldigung.
Laura:	**Das weißt du wohl. Denk mal nach.**
Barbara:	**Halt den Mund! Ich telefoniere gerade.**
Laura:	**Bitte. Hilf mir doch beim Suchen. Ich muss gehen.**
Barbara:	**Aber wenn ich das mache, während du telefonierst, dann dreht das Fräulein durch.**
Laura:	**Das hier ist ein Notfall. Bitte. Ich bin gleich weg.**
Barbara:	**Unter der Treppe.**
Laura:	**Habe ich schon nachgesehen.**
Barbara:	**Dann zieh andere Schuhe an.**
Laura:	**Ich habe keine anderen.**
Barbara:	Sarah? Bist du noch dran?
Laura:	**Danke schön!**

© Verlag an der Ruhr • Postfach 10 22 51 • 45422 Mülheim an der Ruhr • www.verlagruhr.de • ISBN 3-86072-930-6

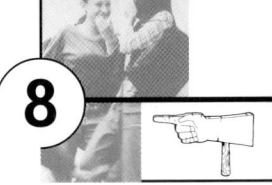

66 | Gut

Zwei Jungen

☐ Spannungsaufbau
☐ Wendepunkt
☒ Improvisationsmöglichkeit

☒ Konfliktsituation
☐ Gefühlslage
☐ Typen und Klischeefiguren
☐ Humor

⇒ Heinz weiß überhaupt nicht, wovon Simon redet.
Sprechen die beiden Figuren eigentlich miteinander?
Vielleicht hat Heinz auch Simons erste Sätze verpasst, weil er
mit etwas anderem beschäftigt ist. Überlegt euch, wie man die
Situation anschaulich darstellen kann. Ihr könnt verschiedene
Sprechrichtungen ausprobieren.

▶▶▶ Simon: *Er fand es gut, hat er gesagt.*

Heinz: *Wer fand es gut?*

Simon: *Ich habe ihn gefragt, was er so gut fand. Den Stil, den Plot ...*

Heinz: *Was für einen Plot?*

Simon: *Darauf hat er nicht geantwortet, aber dass er es gut fand,
das will schon was heißen. Er sagt das nicht so einfach.*

Heinz: *Wer sagt denn wem so was?*

Simon: *Für ein paar Tage war ich auf Wolke 7. Er fand es gut.*

Heinz: *Wer ist gut?*

© Verlag an der Ruhr • Postfach 10 22 51 • 45422 Mülheim an der Ruhr • www.verlagruhr.de • ISBN 3-86072-930-6

67 | Blattlaus

Mädchen/Junge

- [ ] Spannungsaufbau
- [ ] Wendepunkt
- [x] Improvisationsmöglichkeit

- [ ] Konfliktsituation
- [ ] Gefühlslage
- [ ] Typen und Klischeefiguren
- [x] Humor

Ein Tisch, Stühle, eine Pflanze, Kaffee und eine Requisite, die eine Couch andeutet.

Marie geht mit der Pflanze wie mit einem Lebewesen um. Im Grunde findet anfangs überhaupt kein Dialog statt, denn: Marie redet mit einer Pflanze, die nicht antworten kann. Chris versucht, mit Marie zu sprechen, die ihm aber nicht wirklich zuhört. Diese Situation müsst ihr durch eure Darstellung deutlich machen. Dabei spielen die unterschiedlichsten Sprechrichtungen eine Rolle. Überlegt euch außerdem, welche Beziehung Marie und Chris eigentlich zueinander haben. Möchte Marie möglicherweise eine subtile Botschaft durch ihr Gespräch mit der Pflanze vermitteln?

▶▶▶ Marie: *Was für eine schöne Pflanze.*
Du bist aber eine schöne Pflanze. Ja, du bist schön.

Chris: *Ich will, dass du gehst.*

Marie: *Ohne eine Blattlaus. Gar nichts. Kein trockenes Blatt.*
Du bist wirklich schön. Ein wunderschönes Pflänzchen.

Chris: *Hast du noch Kaffee?*

Marie: *Vielleicht gibst du ihr zu viel Wasser.*
Kriegst du zu viel Wasser von Herrchen? Ja? Ja? Ja, nicht wahr?

Chris: *Du hast deinen Keks noch nicht gegessen.*

Marie: *Nein, da hast du recht. (Pause) Dann gehe ich mal.*

© Verlag an der Ruhr • Postfach 10 22 51 • 45422 Mülheim an der Ruhr • www.verlagruhr.de • ISBN 3-86072-930-6

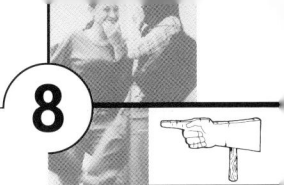

Chris: **Da geht sie.**

Marie: **Die Couch, brauchst du die noch?**

Chris: **Zum Sitzen?**

Marie: **Ja. Ja, das habe ich mir gedacht. O.k., dann gehe ich mal.**

Chris: **Wolltest du sie haben?**

Marie: **Sie ist ein bisschen ausgeblichen.**

Chris: **Ich find sie schön.**

Marie: **Oh, ein Foto von Marie. Marie! Oh, Marie, komm zu mir zurück.**

(Sie gibt dem Foto übertriebene Küsschen. Chris nimmt ihr das Foto ab, geht zur Tür und wirft das Foto nach draußen.)

Chris: **Auf Wiedersehen, Marie.**

(Pause)
Ich sagte: Auf Wiedersehen, Marie.

(Marie schlendert hinaus.)

© Verlag an der Ruhr • Postfach 10 22 51 • 45422 Mülheim an der Ruhr • www.verlagruhr.de • ISBN 3-86072-930-6

68 | Warum macht sie so etwas?

Zwei Jungen   ☒ Konfliktsituation
☐ Spannungsaufbau   ☒ Gefühlslage
☐ Wendepunkt   ☐ Typen und Klischeefiguren
☒ Improvisationsmöglichkeit   ☐ Humor

➾ Überlegt euch, wie der Text hier gesprochen wird. Nachdenklich, traurig oder wütend? Sprechen die Figuren miteinander oder blicken sie einfach nur vor sich hin? Probiert beide Möglichkeiten aus! Überlegt euch eine mögliche Hintergrundgeschichte zum Dialog.

▶▶▶ **Sascha:** *Warum macht sie so etwas? Wie kann so etwas passieren?*

Roy: *Sie war so nett. Jeden Morgen hat sie gegrüßt.*
Immer fröhlich und offen. Und jetzt das.

Sascha: *Auf einmal, nicht wahr? Das ist das Komische.*
Niemand hat es kommen sehen.

Roy: *Und man denkt immer, dass man sich auf alles vorbereiten kann. Na ja, so ist es doch immer. Alles passiert immer dann, wenn man am wenigsten damit rechnet.*

Sascha: *Sie hat es sehr clever gespielt.*

Roy: *Ganz sicher.*

Sascha: *Das ist das Bemerkenswerte an ihr.*
Dadurch findet man sie nett auf eine bestimmte Art und Weise.

Roy: *Schon komisch. Eigentlich sollten wir sie hassen.*
Abgrundtief hassen.

Sascha: *Ich mag sie noch mehr als vorher.*

Roy: *Ja, ich auch.*

© Verlag an der Ruhr • Postfach 10 22 51 • 45422 Mülheim an der Ruhr • www.verlagruhr.de • ISBN 3-86072-930-6

69 | Blaues Kleid

Mann/Frau   ☒ Konfliktsituation
☐ Spannungsaufbau   ☐ Gefühlslage
☐ Wendepunkt   ☐ Typen und Klischeefiguren
☒ Improvisationsmöglichkeit ☒ Humor

⇨ Albert bereitet eine Rede vor und spricht vor sich hin. Wohin blickt er, während er redet? Auch hier gibt es verschiedene Sprechrichtungen. Wann blickt Albert zu seiner Frau? An wen wendet sich Vera? Versucht, diese Kommunikationssituation überzeugend darzustellen.

▶ ▶ ▶

Albert: *Liebe Johanna und Gerd, was für eine Ehre, vor euch heute hier zu sprechen.*

Vera: *Dieses blaue Kleid habe ich schon einmal zu einer Hochzeit getragen. Waren sie eigentlich auch dabei?*

Albert: *Gerd, dich kenne ich schon seit 15 Jahren.*

Vera: *Vielleicht hat Johanna auch ein blaues Kleid an. Dann sieht es so aus, als würde ich sie nachahmen.*

Albert: *Dann zieh ein rotes an, Johanna hasst rot. Johanna, neu in der Familie, aber schon ein vertrautes Mitglied im Freundes- und Familienkreis.*

Vera: *Rot? Du meinst das Cocktailkleid. Nein, viel zu sexy.*

Albert: *Dann zieh dir einen Overall an.*

Vera: *Du bist auch nicht gerade hilfreich.*

Albert: *Dieser denkwürdige Tag, an dem ihr euch beide das Ja-Wort gebt.*

Vera: *Jajajajaja. Aber was soll ich jetzt anziehen?*

Albert: *Er erinnert mich selbst an meinen Hochzeitstag.*

© Verlag an der Ruhr • Postfach 10 22 51 • 45422 Mülheim an der Ruhr • www.verlagruhr.de • ISBN 3-8607-930-6

Vera: *Unsere Hochzeit. Eine sechs Meter lange Schleppe. Das Kleid bearbeitet mit Halbedelsteinen. Du in deinem schönen, dunkelblauen Anzug.*

Albert: *Man sagt, dass ein verheirateter Mann ...*

Vera: *Der Anzug, der ... Der Anzug! Du hast deinen Hochzeitsanzug an! Albert, willst du tatsächlich deine Frau zur Hochzeit von Gerd und Johanna in deinem alten Hochzeitsanzug mitnehmen? Antworte mir!*

Albert: *Ja. Und ich wünsche noch viele glückliche Jahre.*

© Verlag an der Ruhr • Postfach 10 22 51 • 45422 Mülheim an der Ruhr • www.verlagruhr.de • ISBN 3-86072-930-6

70 | Frankfurt

<u>Mädchen/Junge</u>   ☒ Konfliktsituation
☐ Spannungsaufbau   ☒ Gefühlslage
☐ Wendepunkt   ☐ Typen und Klischeefiguren
☒ Improvisationsmöglichkeit   ☐ Humor

Eine Zeitung, ein Stuhl, evtl. ein Tisch. Martin spielt mit seinem Gameboy. Das kann allerdings auch pantomimisch dargestellt werden.

Hier ist die Kommunikationssituation etwas „einseitig" geraten. Während Cindy sich offenbar unbedingt mitteilen möchte, wirkt Martin völlig unbeteiligt. Obwohl er „körperlich" anwesend ist, hört er Cindys Erzählungen überhaupt nicht zu. Wie könnt ihr diese „geistige" Abwesenheit darstellen? Wohin blicken Martin und Cindy während dieser Szene und wann sprechen sie sich direkt an?

▶ ▶ ▶   *Cindy:*   **Frankfurt.**

     Martin: **Was?**

     Cindy: **Frankfurt.**

     Martin: **Was?**

     Cindy: **In Frankfurt. Der Unfall.**

     Martin: **Oh, Entschuldigung. Ich habe nicht zugehört.**

     Cindy: **Toll. Da lese ich dir den Artikel vor und du hörst nicht zu.**

     Martin: **Ich habe zugehört, aber nicht alles mitbekommen.**

     Cindy: **Jaja.**

     Martin: **Ich war auch beschäftigt.**

     Cindy: **Womit?**

     Martin: **Mit dem Spiel auf dem Gameboy.**

© Verlag an der Ruhr • Postfach 10 22 51 • 45422 Mülheim an der Ruhr • www.verlagruhr.de • ISBN 3-86072-930-6

Cindy: **Oh.**

Martin: **Bist du jetzt wütend?**

Cindy: **Nicht wirklich.**

Martin: **Du hast einfach angefangen, vorzulesen.**
Ich habe nicht darum gebeten.

Cindy: **Ich bin nicht wütend.**

Martin: **Das Geschwätz über einen Unfall in irgendeinem Dorf.**
Was habe ich damit zu tun? Frankfurt! Wenn du Tennis
spielst, fange ich doch auch nicht an, mit dir zu reden.
Frankfurt!
Ich bin mitten in einem Spiel.

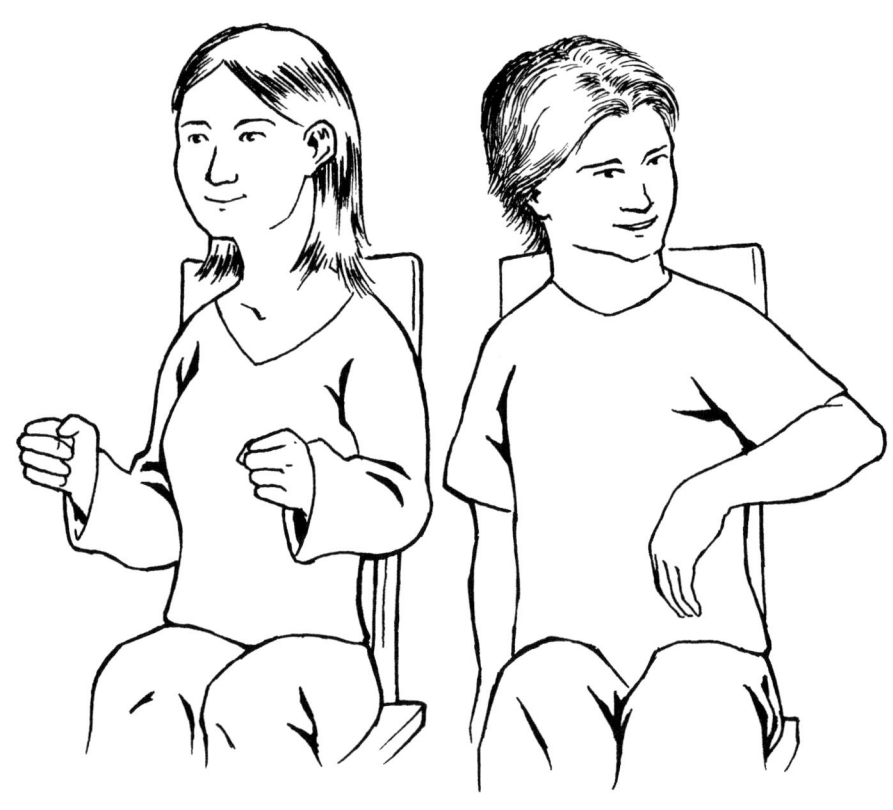

© Verlag an der Ruhr • Postfach 10 22 51 • 45422 Mülheim an der Ruhr • www.verlagruhr.de • ISBN 3-86072-930-6

System

8

71 | Berühmt

Frau/Junge

☒ Spannungsaufbau
☐ Wendepunkt
☒ Improvisationsmöglichkeit

☐ Konfliktsituation
☒ Gefühlslage
☒ Typen und Klischeefiguren
☐ Humor

Ein Mikrofon mit Schnur oder eine Mikrofon-Attrappe.

Nancy missbraucht hier ihre Funktion als Moderatorin. Sie redet mit „ihrem" Publikum und macht Fred lächerlich. Überlegt euch, ob Nancy vor einem anwesenden Publikum redet oder ob sie möglicherweise vor einer Kamera steht.

▶▶▶ **Fred:** *Ich bin Fred Willems. Ich bin 21 Jahre alt. Meine Hobbys sind Filme gucken, feiern und Fußball spielen.*

Nancy: *So so, Fred, das sind aber schöne Hobbys. Erzähl mal, warum du hier teilnimmst?*

Fred: *Ich ... äh ... ich liebe Gameshows.*

Nancy: *Und?*

Fred: *Ich wollte schon immer mal ins Fernsehen.*

Nancy: *Aha! Fred wollte schon immer mal ins Fernsehen.*

Fred: *Äh ... ja.*

Nancy: *Möchte Fred vielleicht berühmt werden?*

Fred: *Vielleicht.*

Nancy: *Ja, das habe ich mir gedacht. Fred möchte sicher fürs Fernsehen arbeiten? Zum Beispiel als Moderator? Liege ich verkehrt, Fred?*

Fred: *Moderator wäre schon toll.*

System© Verlag an der Ruhr • Postfach 10 22 51 • 45422 Mülheim an der Ruhr • www.verlagruhr.de • ISBN 3-86072-930-6

100 Texte und Situationen **143**

Nancy: *Moderator. Unser Fred möchte gerne Moderator werden. Soll ich dir mal was erzählen, Fred? Ich denke, dass das für jemanden wie dich sehr schwer werden wird. Ich denke, dass niemand auf dich wartet. Ich wette, dass die meisten Zuschauer schon umgeschaltet haben, als du uns deine Hobbys erzählt hast. Dass du mit so einem Gesicht die Qualifikation geschafft hast, grenzt schon fast an ein Wunder. Aber was soll's, wir werden Ihnen heute eine unterhaltsame Sendung bieten. Machst du mit, Fred?*

Fred: *Ja.*

Nancy: *Schön. Sehr schön. Und jetzt zu unserem nächsten Kandidaten. Erzähl mal, wer bist du?*

© Verlag an der Ruhr • Postfach 10 22 51 • 45422 Mülheim an der Ruhr • www.verlagruhr.de • ISBN 3-86072-930-6

REDEN UND ZUHÖREN ÜBEN
in Dialogen

Kapitel **9**

Das Machtverhältnis

Wer regiert heimlich den Dialog und stellt die Gesprächsregeln auf?

Das Machtverhältnis

Wer regiert heimlich den Dialog und stellt die Gesprächsregeln auf?

Jede Figur, jeder Charakter besitzt einen anderen Status. Wer aber bestimmt die Beziehungen zwischen den Dialogpartnern und wie entwickeln diese Beziehungen sich? Menschen präsentieren sich so, wie sie sich fühlen oder wie sie wirken wollen. Bei manchen kann das eingebildet, von oben herab und arrogant aussehen. Andere wirken unterwürfig, fühlen sich immer schlecht, als Opfer und glauben, dass andere sie ständig ignorieren oder betrügen. Auf der einen Seite gibt es Menschen mit einer hohen gesellschaftlichen oder sozialen Stellung, auf der anderen viele, die sich selbst einen niedrigen Status zuschreiben oder aber von anderen so eingeschätzt werden. Im Dialog 74 „Mein Zug" verliert der Schaffner Phillip vollkommen die Beherrschung, als er merkt, dass ein Passagier keine Fahrkarte dabeihat. Hier seht ihr ein Beispiel eines stark übertriebenen Machtspiels. Ein Beispiel, das auch in eurem Alltag vorkommen kann.

Im Dialog 72 „Du schaffst es!" ist Norbert zunächst Otto überlegen, er ist der Mächtigere von beiden. Der Dialog zwischen beiden macht deutlich, dass Otto anfangs vollkommen Norberts Launen ausgeliefert ist. Zwar stellt der Dialog das Machtspiel sehr übertrieben dar, zeigt dadurch aber auch, wie absurd eine solche Situation wirken kann.

Das Theater präsentiert uns seit Jahrhunderten, wie Machtinhaber durch eine besonders übertriebene Art der Darstellung lächerlich gemacht werden. Gerade hier begegnen viele Typen, deren besondere Eigenschaften an ihre Macht oder aber ihre Ohnmacht gekoppelt sind. Und auch der Bürger, der ständig nur gehorcht und Befehle ausführt, kann wie eine „Witzfigur" auf die Zuschauer wirken. Das Prinzip des Clowns basiert genau darauf. Schaut euch einfach die Filme von Stan Laurel und Oliver Hardy, Buster Keaton oder Charly Chaplin an: Sie alle spielen mit diesem Kräfteverhältnis von Macht und Ohnmacht.

© Verlag an der Ruhr • Postfach 10 22 51 • 45422 Mülheim an der Ruhr • www.verlagruhr.de • ISBN 3-86072-930-6

72 | Du schaffst es!

Zwei Jungen ☐ Konfliktsituation
☐ Spannungsaufbau ☒ Gefühlslage
☒ Wendepunkt ☐ Typen und Klischeefiguren
☒ Improvisationsmöglichkeit ☐ Humor

⇨ Überlegt euch, welche Handlung Otto eigentlich gerade ausführt. Er könnte etwas vollkommen Banales tun, damit sofort deutlich wird, dass er zunächst der Unterlegene ist. Vielleicht baut er einen Strandstuhl auf oder schraubt einen Kugelschreiber zusammen. Achtet auf den Wendepunkt im Gespräch. Irgendwann wechselt die Position des Mächtigen. Was passiert hier? Ihr müsst versuchen, diese Wendung im Dialog deutlich zu machen. Überlegt gemeinsam, wie man das am besten darstellt.

▶ ▶ ▶ Norbert: **Ja, los, los!**

(Otto beginnt, eine Handlung auszuführen.)

Otto: **Und?**

Norbert: **Wird so nicht funktionieren.**

Otto: **Schneller?**

Norbert: **Du musst dein Bestes geben.**

Otto: **Mein Bestes?**

Norbert: **Ja. Gib alles.**

Otto: **Wie sieht's aus?**

Norbert: **Besser, ja. Aber du musst auch selbst dran glauben.**

Otto: **Das stimmt. Ich muss selbst dran glauben! ICH SCHAFFE ES!**

Norbert: **Was?**

Otto: **ICH SCHAFFE ES!!!**

© Verlag an der Ruhr • Postfach 10 22 51 • 45422 Mülheim an der Ruhr • www.verlagruhr.de • ISBN 3-86072-930-6

Norbert:	**Glaub ich dir nicht.**
Otto:	**Ich schaaaaaaaaffe eeeeeeees!!!**
Norbert:	**Du musst es wollen.**
Otto:	**Ja, ich will es. Oh, ich will es.**
	Ich will es so gerne! ... Und? Klappt es?
Norbert:	**Absolut nicht.**
Otto:	**Es klappt doch, oder nicht?**
Norbert:	**Ähm, noch nicht wirklich.**
Otto:	**Aber es klappt doch.**
Norbert:	**Man sieht schon eine Verbesserung.**
Otto:	**Ja, das ist wahr. Ich verbessere mich wirklich.**
Norbert:	**Aber es reicht nicht.**
Otto:	**Und es reicht doch.**
Norbert:	**Fast.**
Otto:	**Es reicht, absolut.**
Norbert:	**Na ja, es ist schon ausreichend.**
Otto:	**Besser geht es nicht. Denn ich glaube daran.**
	Und du glaubst daran.
Norbert:	**Ja, ich glaube daran.**
Otto:	**Du schaffst es.**
Norbert:	**Ich schaffe es.**
Otto:	**Mehr!**
Norbert:	**Ich kann es!**
Otto:	**Aber willst du es auch?**
Norbert:	**ICH WILL ES!!!**
Otto:	**Na, dann mach du es doch einfach.**

© Verlag an der Ruhr • Postfach 10 22 51 • 45422 Mülheim an der Ruhr • www.verlagruhr.de • ISBN 3-86072-930-6

73 | **Supermarkt**

Frau/Mädchen
☐ Spannungsaufbau
☐ Wendepunkt
☒ Improvisationsmöglichkeit

☐ Konfliktsituation
☒ Gefühlslage
☒ Typen und Klischeefiguren
☒ Humor

Eine gefüllte Einkaufstasche.

Man könnte zunächst glauben, dass die Mutter die Dominantere ist, weil sie ihre Tochter beleidigt und ausschimpft. Aber stimmt das wirklich? Was passiert im Gespräch und wer übernimmt die Führung? Wie lässt sich das darstellen? Überlegt euch Gründe für das Verhalten der Mutter und der Tochter. Wie lässt sich ihre Beziehung bewerten?

(Mutter und Tochter im Supermarkt.)

▶ ▶ ▶   Sonja: **Mama, weißt du, ob wir noch Milch brauchen?**

Mutter: **Was bist du denn für eine dumme Gans?**
Du siehst doch, dass ich gerade Milch mitgenommen habe.

Sonja: **Soll ich Chips holen?**

Mutter: **Nein. Ich mache Diät. Keine Chips im Haus.**

Sonja: **Ich will Chips.**

Mutter: **Würde ich an deiner Stelle nicht. So kriegst du nie einen Mann ab.**

Sonja: **Paprikachips und Flips. So.**

Mutter: **Was bist du für eine dumme Gans!**

Sonja: **Komm schon, Mama, ein bisschen weiter mit dem Karren. Wir brauchen noch Butter.**

Mutter: **Keine Butter.**

Sonja: **Und Käse.**

© Verlag an der Ruhr • Postfach 10 22 51 • 45422 Mülheim an der Ruhr • www.verlagruhr.de • ISBN 3-86072-930-6

Mutter:	**Was bist du für eine dumme Gans!**
Sonja:	**Warum denn jetzt schon wieder?**
Mutter:	**Du siehst doch, dass ich keinen Käse brauche.**
Sonja:	**Du isst immer Käse.**
Mutter:	**Jetzt nicht. Ich hasse Käse.**
Sonja:	**Komm schon, Mama, ein bisschen Beeilung.** **Sonst verpasst du noch „Vera am Mittag".**
Mutter:	**Oh, eben ein paar Schokobonbons einpacken fürs „Vera am Mittag"-Gucken.**
Sonja:	**Nein, keine Bonbons. Von Schokolade krieg ich Pickel.**
Mutter:	**Ein Kilo belgische Schokolade. Lecker.**
Sonja:	**Was bist du für eine dumme Gans!**

© Verlag an der Ruhr • Postfach 10 22 51 • 45422 Mülheim an der Ruhr • www.verlagruhr.de • ISBN 3-86072-930-6

74 | Mein Zug

 Zwei Männer

☐ Spannungsaufbau
☐ Wendepunkt
☒ Improvisationsmöglichkeit

☒ Konfliktsituation
☒ Gefühlslage
☒ Typen und Klischeefiguren
☐ Humor

 Ein Requisit für den Schaffner (z. B. Mütze) und ein Zugticket

⇨ Wie wird Macht hier ausgeübt? Wer schüchtert wen ein?
Wird hier körperliche oder verbale Macht gezeigt?
Wie äußert sich das Verhältnis von Macht und Ohnmacht,
von Einfluss und Schwäche im Dialog?

▶▶▶ *Phillip:* **Ihre Fahrkarte bitte.**

Sascha: **Bitte schön.**

Phillip: **Sie sitzen im falschen Zug.**

Sascha: **Oh. Die haben gesagt, dass das mein Zug sei.**

Phillip: **Ihr Zug? Der Zug ist von allen.**

Sascha: **Wohin geht dieser denn?**

Phillip: **Das wissen Sie doch wohl? Es ist ja Ihr Zug. All diese
Menschen sitzen dann wohl auf Ihren Sitzen, finden Sie das
eigentlich in Ordnung? Mädchen haben oft Stifte dabei, um
auf Ihre Bezüge zu schreiben. In wen sie verliebt sind, z.B.
Und Jungen haben oft Taschenmesser dabei, um die Bezüge
aufzuschlitzen. Und was halten Sie von ungewaschenen
Männern, die ihre Schuhe ausziehen und ihre Schweißfüße
gemütlich auf Ihre Polster legen? Ich würde das ja nicht
zulassen, aber wer bin ich denn schon. Ich kontrolliere
lediglich die Karten in Ihrem Zug.**

Sascha: **Tut mir Leid!**

Phillip: **Gute Reise, mein Herr!**

© Verlag an der Ruhr • Postfach 10 22 51 • 45422 Mülheim an der Ruhr • www.verlagruhr.de • ISBN 3-86072-930-6

75 | Gymnasium

Mann/Mädchen ☐ Spannungsaufbau ☐ Wendepunkt ☒ Improvisationsmöglichkeit ☒ Konfliktsituation ☐ Gefühlslage ☒ Typen und Klischeefiguren ☐ Humor

➡ Innerhalb der Familie zählt nicht nur das Alter, sondern auch der soziale Status und der Bildungsweg. Oft sind es gerade die Älteren, die im Gespräch mit Jugendlichen Macht ausüben. Überlegt, woran sich im folgenden Dialog die Machtverhältnisse zeigen. Bedenkt dabei, dass Ironie und Sarkasmus auch eine Art von Macht bedeuten können. Wie spricht Onkel Bob seine Sätze?

▶ ▶ ▶ **Onkel Bob:** **Was machst du jetzt eigentlich?**

Martina: **Ich?**

Onkel Bob: **Gehst du noch zur Schule?**

Martina: **Ich gehe aufs Gymnasium.**

Onkel Bob: **Aufs Gym-na-si-um. Wow. Das können meine Jungs nicht. Wir sind recht simple Menschen. Arbeiterleute. Dafür sind die zu dumm. Macht nichts. Sie sind einfach nicht schlau. Sie können wieder andere Sachen. Kurt kann z.B. sehr gut aufräumen.**

Martina: **Vielleicht gehe ich bald auch auf die Realschule. Ich bin gerade noch so weitergekommen. Ich hatte mehrere Vieren.**

Onkel Bob: **Findest du die Realschule vielleicht besser als das Gymnasium?**

Martina: **Ähm, nein. Ich meine, sie ist einfach anders.**

Onkel Bob: **Anders?**

Martina: **Das Gymnasium ist anders als die Realschule. Darum heißt das Gymnasium Gymnasium. Und die Realschule Realschule.**

Onkel Bob: **Oh.**

© Verlag an der Ruhr • Postfach 10 22 51 • 45422 Mülheim an der Ruhr • www.verlagruhr.de • ISBN 3-86072-930-6

76 | Stiftung Kuh

Mann/Mädchen   ☒ Konfliktsituation
☐ Spannungsaufbau   ☒ Gefühlslage
☒ Wendepunkt   ☐ Typen und Klischeefiguren
☒ Improvisationsmöglichkeit   ☒ Humor

Evtl. ein Schokoriegel.

Eigentlich ist Ursula in der einflussreicheren Position. Sie besitzt die Macht, den Mann aufzufordern, ihr seine Taschen zu zeigen. Allerdings gibt es auch hier einen Wendepunkt, an dem sich das Machtverhältnis umkehrt. Wann passiert das und wie stellt ihr die Wendung dar?

(Ursula arbeitet in einem Süßwarenladen. Sie beobachtet einen älteren Mann, wie er einen Schokoriegel in seine Tasche steckt.)

▶▶▶   Ursula: **Sie haben einen Schokoriegel in ihre Tasche gesteckt.**

     Bernhard: **Nein.**

     Ursula: **Und ob Sie das gemacht haben! Aus dem Augenwinkel hab ich doch Ihre behaarte Hand gesehen und wie Sie sich Richtung Schokolade bewegt. Sie haben die Schokolade genommen und in Ihre Tasche gesteckt.**

     Bernhard: **Nein.**

     Ursula: **Hören Sie, mein Herr, es ist mir ganz egal! Es geht mir nicht darum, dass ich mit meinem Chef Ärger kriege, wenn die Kasse nicht stimmt, daran denke ich nicht mal, aber die Hälfte von diesem Riegel geht an die Stiftung ...**
(Ursula schaut sich eben um.) ...
Die Stiftung „Die Kuh muss zurück auf die Weide".
Diese Stiftung kennen Sie, nehme ich an.

     Bernhard: **Jaja, natürlich. Ich bin Mitglied.**

© Verlag an der Ruhr • Postfach 10 22 51 • 45422 Mülheim an der Ruhr • www.verlagruhr.de • ISBN 3-86072-930-6

Ursula: *Und dann trauen Sie sich, Schokolade zu klauen? In Ihrem Alter! Besitzen Sie denn keinen Anstand?*

(Ursula schaut den Mann böse an, es bleibt kurz still.)

Bernhard: *Sind Sie eigentlich selbst Mitglied in der Stiftung Kuh?*

Ursula: *Ähm, ... ja.*

Bernhard: *Dann nennen Sie mir mal Regel Nummer eins aus dem Reglement.*

Ursula: *Regel eins, nun, das ist einfach.*

Bernhard: *Und die wäre?*

Ursula: *Das ist einfach, hab ich gesagt, die lautet: Geld spenden. Aber darum geht es jetzt nicht. Ich möchte Ihre Taschen kontrollieren. Heben Sie mal Ihre Arme hoch.*

Bernhard: *Glauben Sie ernsthaft, dass ich meine Taschen von einem Mädchen kontrollieren lasse, das nicht mal Regel Nummer eins der Stiftung „Die Kuh muss zurück auf die Weide" kennt?*

Ursula: *„Geld spenden" lautet die erste Regel, Sie halten sich nicht an Regel Nummer zwei. Mein Herr, Sie werden diesen Riegel wirklich abrechnen müssen.*

(Ursula greift in seine Tasche.)

Bernhard: *Lassen Sie das!*

Ursula: *Ich hab es gefühlt! Ich fühle Schokolade, da kommen Sie nicht mehr raus, Sie haben Schokolade in Ihrer Jackentasche.*

(Bernhard holt ruhig den Schokoladenriegel aus seiner Jackentasche.)

Bernhard: *Nach Regel Nummer eins der Stiftung: Immer einen Riegel der „Stiftung Kuh" in der Tasche haben!*

© Verlag an der Ruhr • Postfach 10 22 51 • 45422 Mülheim an der Ruhr • www.verlagruhr.de • ISBN 3-86072-930-6

REDEN UND ZUHÖREN ÜBEN
in Dialogen

77 | Karten

Mädchen/Junge   ☒ Konfliktsituation
☐ Spannungsaufbau   ☒ Gefühlslage
☐ Wendepunkt   ☐ Typen und Klischeefiguren
☒ Improvisationsmöglichkeit   ☐ Humor

Zwei Karten, die zerrissen werden dürfen.

Welche Beziehung haben Kurt und Lilly zueinander? Sind sie
ein Paar oder aber Bruder und Schwester? Wo spielt die Szene?
Offensichtlich spitzt sich hier die Situation zu. Lilly fühlt sich
von Kurt provoziert. Versucht, dieses Machtspielchen in seinem
Verlauf deutlich vorzutragen und die Spannungssteigerung
einzubauen. Es gibt viele verschiedene Mittel, Macht zu
bekommen und auszuüben: Erpressung, Drohungen, Erniedri-
gung des anderen und die Ausübung von körperlicher Gewalt.
Überlegt euch Situationen, in denen Macht ausgeübt wird.
Wie lässt sich in dieser Szene das Verhältnis von Macht-Wut-
Ohnmacht deutlich darstellen?

▶▶▶   Kurt: **Ich gehe morgen zu einem Konzert von Soundgarden.**

Lilly: **Schön.**

Kurt: **Ich habe zwei Karten. Du könntest mitkommen.**

Lilly: **Schön.**

Kurt: **Nein. Das ist nichts für dich. Du stehst nicht auf die Art
Musik.**

Lilly: **Woher willst du das wissen?**

Kurt: **Ich weiß doch, was du für Musik hörst. Alles Top-Ten-Hits.
Charts und so. Macht nichts. Ganz niedlich.**

Lilly: **Du weißt überhaupt nicht, was für Musik ich höre.**

Kurt: **Wohl. Ich glaube, dass ich Martin mitnehme. Der mag so was.**

© Verlag an der Ruhr • Postfach 10 22 51 • 45422 Mülheim an der Ruhr • www.verlagruhr.de • ISBN 3-86072-930-6

Lilly: *Du nimmst mich mit. Mich!*

Kurt: *All meine Freunde gehen mit. Da kannst du doch nicht mithalten.*

Lilly: *Das werden wir noch sehn. Du weißt gar nichts von mir.*

Kurt: *Wie süß du bist, wenn du böse bist.*

Lilly: *Ich bin gar nicht süß. Gib die Karten!*

Kurt: *Nein.*

Lilly: *Zeig sie mal.*

Kurt: *Nein.*

Lilly: *Du hast sie ja nicht einmal. Worum geht es hier?*

Kurt: *Wenn du mir nicht glaubst.*

(Zeigt ihr die Karten.)

Lilly: *Wow! Darf ich sie kurz anfassen?*

(Nimmt ihm die Karten aus der Hand und reißt sie mitten durch.)

Lilly: *Viel Spaß mit Martin.*

© Verlag an der Ruhr • Postfach 10 22 51 • 45422 Mülheim an der Ruhr • www.verlagruhr.de • ISBN 3-86072-930-6

78 | Pinkeln

Zwei Mädchen   ☒ Konfliktsituation
☐ Spannungsaufbau   ☐ Gefühlslage
☐ Wendepunkt   ☐ Typen und Klischeefiguren
☒ Improvisationsmöglichkeit   ☒ Humor

⇨ Joyce muss dringend zur Toilette. Sie muss schon ständig hin-
und herlaufen. Gitta sollte ruhig daneben stehen. Wo verbirgt
sich in diesem Dialog das Machtspiel? Überlegt euch Situationen aus dem Alltag, in denen ebenfalls plötzlich ein Machtverhältnis sichtbar werden kann.

▶▶▶ Joyce: **Weißt du, wo die Toilette ist?**

Gitta: **Warum?**

Joyce: **Weil ich auf die Toilette muss.**

Gitta: **Um was zu tun?**

Joyce: **Um zu pinkeln!**

Gitta: **Ich habe keine Ahnung.**

© Verlag an der Ruhr • Postfach 10 22 51 • 45422 Mülheim an der Ruhr • www.verlagruhr.de • ISBN 3-86072-930-6

79 | Fleisch

 Mann/Frau

☐ Spannungsaufbau
☐ Wendepunkt
☒ Improvisationsmöglichkeit

☒ Konfliktsituation
☒ Gefühlslage
☒ Typen und Klischeefiguren
☒ Humor

 Eine Metzgerschürze.

 Auch hier ist das Verhältnis von Stärkerem und Schwächerem nicht durchgehend klar. Katinka scheint eine sehr selbstbewusste, unerschrockene Frau zu sein. Wie sollte ihre Stimme klingen?

▶▶▶ Katinka: **Kann ich Ihnen helfen?**

Hubert: **Nein.**

Katinka: **Warum bestellen Sie nichts?**

Hubert: **Ich habe nichts zu bestellen.**

Katinka: **Warum nicht?**

Hubert: **Weil ich kein Fleisch brauche, gute Frau.**

Katinka: **Sie sind bestimmt Vegetarier! Lassen Sie mich raten. Sie finden es traurig für die Tiere? Sie haben wohl Angst vor der Maul- und Klauenseuche und den durchgedrehten Rindern?!**

Hubert: **Ich bin kein Vegetarier.**

Katinka: **Der Supermarkt ist Ihnen bestimmt nicht gut genug? Sie kaufen sicherlich direkt beim Bio-Bauern. Die sind ja so tierfreundlich. Na, ich erzähl Ihnen mal was, junger Mann. Diese Menschen schlachten die Tiere auch ab! Und sie verkaufen die Rinderhintern dreimal so teuer. Aber gut, es ist natürlich Ihre Entscheidung. Der Kunde ist König. Ein Stückchen zum Probieren, mein Herr?**

Hubert: **Na, da sag ich nicht Nein!**

Katinka: **Kriegen Sie aber nicht. Ist für die Kinder! Auf Wiedersehen!**

© Verlag an der Ruhr • Postfach 10 22 51 • 45422 Mülheim an der Ruhr • www.verlagruhr.de • ISBN 3-86072-930-6

 REDEN UND ZUHÖREN ÜBEN
in Dialogen

80 | Nach dem Film

Zwei Mädchen   ☒ Konfliktsituation
☐ Spannungsaufbau   ☒ Gefühlslage
☐ Wendepunkt   ☐ Typen und Klischeefiguren
☒ Improvisationsmöglichkeit   ☐ Humor

⇒ Handelt es sich hier um ein „typisches Gespräch unter Mädchen"? Welches Verhältnis haben Nicky und Meike zueinander? Sind sie vielleicht Konkurrentinnen? Probiert verschiedene Interpretationen aus. Spielt zunächst zwei richtige „Zicken", die sich gegenseitig verletzen wollen. Anschließend könnt ihr zwei Freundinnen spielen, die sich wirklich zu helfen versuchen. Wo liegen die Unterschiede in der Darstellung?

▶ ▶ ▶   *Nicky:*   **Er hat gefragt, ob ich mit ins Kino gehe.**

Meike: **Und du hast „nein" gesagt.**

Nicky: **Woher weißt du das?**

Meike: **Marcel und du. Ich kann es mir nicht vorstellen.**

Nicky: **Warum nicht?**

Meike: **Das passt einfach nicht.**

Nicky: **Warum nicht? Man muss sich doch nicht immer einig sein?**

Meike: **Marcel und du – das passt nicht!**

Nicky: **Magst du Marcel nicht, oder was?**

Meike: **Doch, schon, aber nicht für dich.**

Nicky: **Aber für dich schon?**

Meike: **Nein, ich bitte dich.**

Nicky: **Warum redest du so blöd über ihn?**

Meike: **Ich rede nicht blöd. Du willst doch nicht mit ihm ins Kino.**

Nicky: **Vielleicht doch. Warum eigentlich nicht?**

© Verlag an der Ruhr • Postfach 10 22 51 • 45422 Mülheim an der Ruhr • www.verlagruhr.de • ISBN 3-86072-930-6

81 | Tyrannosaurus Rex

 Zwei Mädchen

☐ Spannungsaufbau
☐ Wendepunkt
☒ Improvisationsmöglichkeit

☒ Konfliktsituation
☒ Gefühlslage
☐ Typen und Klischeefiguren
☒ Humor

➡ Offensichtlich kann Valerie Anna nichts recht machen. Was ist das Problem zwischen den beiden? Sprecht den Text und berücksichtigt die Spannung, die hier offensichtlich zwischen beiden besteht. Ist Anna ein Kind und Valerie ihre Betreuerin? Welche Rolle spielt das Alter hier? Versucht, euch verschiedene Situationen auszudenken, in denen ein solcher Dialog entstehen könnte.

▶ ▶ ▶ Anna: **Ich bin ein Delphin.**

Valerie: **Ich bin auch ein Delphin.**

Anna: **Nein. Ich bin schon ein Delphin.**

Valerie: **Oh.**

Anna: **Denk dir was anderes aus.**

Valerie: **Dann bin ich ... ein Walfisch!**

Anna: **Ja, haha. Delphin, Fisch. Walfisch, Fisch. Beide ein Loch im Rücken. Sehr originell. Versuch einmal, dir etwas besonderes auszudenken. Ein Papagei zum Beispiel.**

Valerie: **Ja, gute Idee. Ich bin ein Papagei.**

Anna: **Nein, das geht nicht. Das habe ich schon gesagt. Du musst dir selbst was Schönes ausdenken. Wie eine Giraffe. Eine Ameise. Ein Pavian. Eine Raupe. Eine Ratte. Eine Fleisch fressende Pflanze.**

Valerie: **Gehen Pflanzen auch?**

Anna: **Nein. Ein Tyrannosaurus Rex. Ein Gremlin. Ein Koala. Eine Larve.**

Valerie: **Ein läppischer Hund.**

Anna: **Ja, das ist eine gute Idee. Siehst du, du kannst es.**

© Verlag an der Ruhr • Postfach 10 22 51 • 45422 Mülheim an der Ruhr • www.verlagruhr.de • ISBN 3-86072-930-6

Kapitel (**10**

Die Charaktere

Inwiefern ist Sprache abhängig vom Sprecher und seiner Persönlichkeit?

Die Charaktere

Inwiefern ist Sprache abhängig vom Sprecher und seiner Persönlichkeit?
Meistens zeigen die Dialoge zwei Charaktere und ihre ganz besondere
Persönlichkeit. Dabei spielen zahlreiche Eigenschaften eine wichtige Rolle: Ist
die Person männlich oder weiblich, wie alt ist sie und was sind ihre auffälligs-
ten Merkmale? Zwar sind die Texte der Dialoge festgelegt, allerdings erhalten
die einzelnen Figuren erst durch die jeweiligen Darsteller ihre endgültige
Persönlichkeit. So kann z.B. ein negativ besetzter Charakter durch den Darsteller und seine Interpretation der Rolle noch unangenehmer wirken.
Bei den nächsten Dialogen geht es also um eure Darstellung bzw. um euren
eigenen Vortrag. Bevor ihr eure Rollen vorlest oder szenisch darstellt, solltet
ihr stets die folgenden Aspekte berücksichtigen:

- Lest den Text zweimal durch.
- Schreibt auf, welche besonderen Eigenschaften die Figuren besitzen.
  Zählt so viele Merkmale wie möglich auf.
- Denkt daran, dass man eine Figur nicht zu übertrieben darstellen sollte.
  Eine überbetonte Persönlichkeit wirkt eher lustig und wird selten ernst
  genommen.
- Die Dialogpartner sind oft Gegenspieler und auch in ihren Charakter-
  eigenschaften gegensätzlich angelegt. Es kann aber auch passieren,
  dass sie sich im Laufe des Dialogs immer ähnlicher werden.
- Versucht, eure Vorüberlegungen zu den einzelnen Figuren bei der sich
  anschließenden Darstellung in die Praxis umzusetzen.
- Überprüft danach gemeinsam mit einem Zuschauer, ob die besonderen
  Eigenschaften eures Charakters wirklich deutlich geworden sind.
- Arbeitet mögliche Verbesserungsvorschläge in eure Darstellung ein und
  präsentiert sie erneut dem Publikum.
- Überlegt, welche Figuren überhaupt nicht in euren Dialog passen würden.
  Vielleicht lassen sie sich doch einbauen? Improvisiert einfach ein bisschen
  und lasst euch kreative Charaktere einfallen.

© Verlag an der Ruhr • Postfach 10 22 51 • 45422 Mülheim an der Ruhr • www.verlagruhr.de • ISBN 3-86072-930-6

82 | Wo bleibt er bloß?

Mädchen/Junge   ☐ Konfliktsituation
☒ Spannungsaufbau   ☐ Gefühlslage
☐ Wendepunkt   ☐ Typen und Klischeefiguren
☒ Improvisationsmöglichkeit   ☐ Humor

➪ Wer spricht hier? Handelt es sich um ein älteres Ehepaar oder um zwei Jugendliche? Hier bleibt es euch überlassen, wie ihr die Figuren darstellt. Überlegt gemeinsam, wie gewisse Eigenschaften und Merkmale der Personen auf die Wirkung des Dialogs Einfluss nehmen können.

▶▶▶   *John:*   **Er ist immer noch nicht da.**

Hanna: **Wo bleibt er denn?**

John: **Sonst ist er immer pünktlich.**

Hanna: **Sehr pünktlich.**

John: **Hauptsache er vergisst nicht, den Kuchen mitzubringen.**

Hanna: **Das vergisst er bestimmt. Er ist sehr vergesslich.**

John: **Wo bleibt er bloß?**

Hanna: **Wie untypisch für ihn. Oh, da kommt er!**

John: **Ja? Ist er da? Endlich. Hat er Kuchen dabei?**

Hanna: **Warte mal. Ich kann ihn nicht erkennen.**

John: **Er hat doch Kuchen dabei, oder?**

Hanna: **Nein. Nein, er ist es nicht. Ich dachte, ich hätte ihn gesehen.**

John: **Wo bleibt er bloß?**

© Verlag an der Ruhr • Postfach 10 22 51 • 45422 Mülheim an der Ruhr • www.verlagruhr.de • ISBN 3-86072-930-6

83 | Zeitung

Mädchen/Junge ☒ Konfliktsituation
☒ Spannungsaufbau ☐ Gefühlslage
☐ Wendepunkt ☐ Typen und Klischeefiguren
☒ Improvisationsmöglichkeit ☐ Humor

⇨ Warum weigert sich Sarah, Abdul die Zeitung zu geben?
Denkt euch verschiedene Gründe aus, die immer auf eine ganz
bestimmte Charaktereigenschaft hinweisen. Was passiert mit
Abdul? Bleibt er ruhig, wird er aggressiv oder versteht er am
Ende, was Sarah ihm – sozusagen „zwischen den Zeilen" –
mitteilen möchte?

▶▶▶ Abdul: **Gibst du mir mal die Zeitung?**

Sarah: **Nein.**

Abdul: **Die Zeitung. Gib mir die Zeitung!**

Sarah: **Nein.**

Abdul: **Könntest du mir bitte die Zeitung geben?**

Sarah: **Ja, natürlich.**

© Verlag an der Ruhr • Postfach 10 22 51 • 45422 Mülheim an der Ruhr • www.verlagruhr.de • ISBN 3-86072-930-6

84 | Sie haben da etwas am Mund

Zwei Männer   ☒ Konfliktsituation
☒ Spannungsaufbau   ☐ Gefühlslage
☐ Wendepunkt   ☐ Typen und Klischeefiguren
☒ Improvisationsmöglichkeit   ☒ Humor

⇨ Wer sind diese Männer: Geschäftsleute, Kunde und Bedienung, zufällige Bekannte? Wie sehen die Machtverhältnisse in diesem Dialog aus? Was könnte der Situation ein neues Ende geben? Denkt euch einen möglichen Wendepunkt aus.

▶ ▶ ▶

Peter: **Sie haben da etwas am Mund.**

Arnold: **Hier?**

Peter: **Eher die andere Seite.**

Arnold: **Ist es weg?**

Peter: **Nein. Etwas mehr nach links. Von Ihnen aus rechts.**

Arnold: **In Ordnung?**

Peter: **Etwas mehr nach links. Was haben Sie gegessen?**

Arnold: **Ein Lachsbrötchen und Tütensuppe. In der Kantine.**

Peter: **Kleckern Sie immer so viel?**

Arnold: **Ich esse immer mit großer Vorsicht.**

Peter: **Der Dreck ist immer noch da.**

Arnold: **Ist es so schlimm?**

Peter: **Es ist mir sofort aufgefallen, allerdings!**

Arnold: **Dann werde ich es mal mit Wasser ... auf der Toilette ...**

Peter: **Das würde ich schleunigst machen, wenn ich Sie wäre. Mir wird richtig übel. Ich verstehe wirklich nicht, warum Sie sich nicht dafür entschuldigen, dass ich den Rest des Tages keinen Appetit mehr haben werde.**

© Verlag an der Ruhr • Postfach 10 22 51 • 45422 Mülheim an der Ruhr • www.verlagruhr.de • ISBN 3-86072-930-6

85 | Zahnbürste

 Mann/Frau

- ☐ Spannungsaufbau
- ☐ Wendepunkt
- ☒ Improvisationsmöglichkeit

- ☒ Konfliktsituation
- ☒ Gefühlslage
- ☐ Typen und Klischeefiguren
- ☒ Humor

⇒ Mit Antons Gebiss scheint irgendetwas nicht zu stimmen. Macht ihr diese Tatsache vollkommen sichtbar oder deutet ihr sie nur an? In Kostümgeschäften oder im Spielwarenladen könnt ihr euch natürlich ein künstliches und möglichst merkwürdiges Gebiss besorgen. Beeinträchtigt Antons Gebiss seine Art zu sprechen? Wie lässt sich ein solcher Sprachfehler darstellen? Probiert es aus, ohne allerdings so stark zu übertreiben, dass der ganze Dialog nur albern wirkt.

▶ ▶ ▶ **Anton:** *Entschuldigung, aber verkaufen Sie auch Zahnbürsten?*

Sonja: *Da drüben bei der Zahnpasta!*

Anton: *Wo ist die Zahnpasta?*

Sonja: *Dort an Ihrer linken Seite.*

Anton: *Das sind aber nicht so schöne. Haben Sie die nicht in anderen Farben? Wofür sind die gut?*

Sonja: *Damit Sie Ihre Zähne putzen können.*

Anton: *Haha, sehr witzig! Sie wissen doch, was ich meine. Sind die gut gegen Zahnstein, für sensibles Zahnfleisch?*

Sonja: *Das sind einfache Standardzahnbürsten.*

Anton: *Standardzahnbürsten? Gibt es die denn noch?*

Sonja: *Vielleicht weiß der Geschäftsführer mehr. Soll ich ihn vielleicht holen?*

Anton: *Bitte nicht. Ich rede lieber mit Ihnen. Ich brauche also etwas für meine Zähne. Wollen Sie sie mal sehen?*

© Verlag an der Ruhr • Postfach 10 22 51 • 45422 Mülheim an der Ruhr • www.verlagruhr.de • ISBN 3-86072-930-6

  REDEN UND ZUHÖREN ÜBEN
in Dialogen

Sonja:	Nicht unbedingt.
Anton:	Ich werde sie Ihnen zeigen. (Anton zeigt seine Zähne.)
Sonja:	Aaaaah! Machen Sie ihren Mund zu, bitte! Zumachen!
Anton:	Haben Sie sie gesehen?
Sonja:	Was ist denn mit Ihnen passiert? Wurden Sie damit geboren?
Anton:	Die Farbe stimmt schon, nicht wahr?
Sonja:	Hat Ihr Arzt das schon gesehen?
Anton:	Man müsste irgendetwas dagegen tun können.
Sonja:	Wie schlimm für Sie. Sie haben sicher keine Frau oder Freundin. Ich meine nur, mit solchen Zähnen ... Sie sind doch kein Werwolf oder etwas Ähnliches? Entschuldigung, ich übertreibe ein wenig, aber ich habe so etwas noch nie gesehen. Das ist kein Scherz, oder? Nicht, dass Sie jetzt ein falsches Gebiss aus Ihrem Mund ziehen ... Da würde ich sehr wütend werden. Ich muss mir hier mein Geld auf ehrliche Weise verdienen und Sie jagen mir einen riesigen Schrecken ein. Kommen Sie aus dieser Stadt? Wurden Sie hier geboren?
Anton:	Ich habe Sie doch nur um eine Zahnbürste gebeten.
Sonja:	Oh ja, äh ... nein, eine Standardzahnbürste wird Ihnen wohl nicht helfen. Sie, äh ..., Sie beißen keine Menschen, oder? Bleiben Sie dort mal stehen, bitte? Ich komme jetzt vor den Tresen zu Ihnen. Ich werde sehen, was ich für Sie tun kann.
Anton:	Bitte. Aber ich finde es hier nicht sehr angenehm. Sie haben mich verletzt. Vergessen wir die Zahnbürste. Geben Sie mir eine Tüte mit Bonbons. Eine große Tüte. Die werde ich auf einen Schlag essen.
Sonja:	Wollen Sie das wirklich tun? Mit Ihren ...
Anton:	(unterbricht Sonja und schreit) Bonbons!!!
Sonja:	Sofort.

© Verlag an der Ruhr • Postfach 10 22 51 • 45422 Mülheim an der Ruhr • www.verlagruhr.de • ISBN 3-86072-930-6

86 | Leichte Erkältung

Zwei Jungen

☐ Spannungsaufbau
☐ Wendepunkt
☒ Improvisationsmöglichkeit

☐ Konfliktsituation
☒ Gefühlslage
☒ Typen und Klischeefiguren
☒ Humor

⟹ Überlegt gemeinsam, welche besonderen – auch körperlichen – Merkmale die beiden Gesprächspartner besitzen könnten. Wie lassen sich diese Merkmale darstellerisch umsetzen und was bedeuten sie für den Dialog?

▶▶▶ **Armin:** *Wie geht es dir?*

Robby: *Gut.*

Armin: *Na also. Ist doch schön, oder? Oder?*

Robby: *Ja.*

Armin: *Na also!*

Robby: *Na ja, aber es reicht wohl kaum, um jetzt loszujubeln.*

Armin: *Schon klar, aber du hast zumindest deine Gesundheit.*

Robby: *Das ist wahr. Und was ist mit dir? Wie geht es dir?*

Armin: *Bin erkältet.*

Robby: *Das wird schon wieder.*

Armin: *Du hast einfach reden. Gesund wie ein ....*

Robby: *Ach, so eine leichte Erkältung ...*

Armin: *Eine leichte Erkältung? Der Nasenschleim kommt literweise. Nachts huste ich einen ganzen Eimer voll.*

Robby: *Hm, vielleicht solltest du mal zu einem Arzt.*

Armin: *Ach, was weiß der schon? Nein, ich habe keine Beschwerden.*

© Verlag an der Ruhr • Postfach 10 22 51 • 45422 Mülheim an der Ruhr • www.verlagruhr.de • ISBN 3-86072-930-6

87 | Hund

© Verlag an der Ruhr • Postfach 10 22 51 • 45422 Mülheim an der Ruhr • www.verlagruhr.de • ISBN 3-86072-930-6

Zwei Frauen

☐ Spannungsaufbau
☐ Wendepunkt
☒ Improvisationsmöglichkeit

☒ Konfliktsituation
☒ Gefühlslage
☐ Typen und Klischeefiguren
☒ Humor

⇨ Hat Anja vielleicht einen Hund dabei, den sie gerade ausführt? Offenbar ist sie eine echte Tierfreundin. Lässt sich das durch bestimmte Requisiten oder durch ein bestimmtes Auftreten auch ohne Worte darstellen?

▶▶▶

Anja: *Bist du Birgit? Dein Hund ist weg.*

Paula: *Was?*

Anja: *Schrecklich. Ich weiß nicht, was ich sagen soll. Ich sollte es dir von deinem Mann ausrichten. Er stand dort. Alles in Ordnung?*

Paula: *Was für ein Mann?*

Anja: *Ich habe auch einen Hund. Wikkie heißt er.*

Paula: *Welcher Mann?*

Anja: *Ich weiß genau, wie es sich anfühlt. Schrecklich.*

Paula: *Ich sehe keinen Mann.*

Anja: *Es war ein sehr liebes Tier und jetzt liegt es unter einem LKW. Platt wie eine Flunder. Zunge aus dem Mund. Blut aus Nase und Ohren. Vielleicht sitzt er auch bei einer alten und einsamen Person auf dem Schoß.*

Paula: *Ich habe gar keinen Hund.*

Anja: *So eine Oma ohne Kinder. Die lässt ihn nie mehr gehen. „Er ist von alleine zu mir gekommen." Kennst du das? Wer sagt, dass das ihrer ist?*

Paula: *Ich habe keinen Hund.*

Anja: *Du hast keinen Hund? Und das sagst du mir erst jetzt? Vielen Dank auch! Und ich mache mir solche Sorgen. Ich habe Mitleid mit dir und du hast gar keinen Hund.*

Paula: *Tut mir Leid.*

Anja: *Was tut dir Leid? Dein Hund liegt vielleicht tot im Gebüsch und du hast auf einmal keinen Hund.*

Paula: *Ich habe wirklich keinen.*

Anja: *Lass ihn das lieber nicht hören! Das arme Tier. Schönes Frauchen bist du. Du hast ihn bestimmt an einen Baum gebunden, damit du ihn los wirst. Soll ich dir mal was erzählen? Wenn ich deinen Hund finde, behalte ich ihn. Dann wirst du ihn nie mehr wiedersehen. Nie mehr!*

(Anja läuft verärgert weg.)

Paula: *Welchen Hund?*

© Verlag an der Ruhr • Postfach 10 22 51 • 45422 Mülheim an der Ruhr • www.verlagruhr.de • ISBN 3-8607-930-6

REDEN UND ZUHÖREN ÜBEN
in Dialogen

88 | Anzug

Zwei Männer

☐ Spannungsaufbau
☐ Wendepunkt
☒ Improvisationsmöglichkeit

☒ Konfliktsituation
☒ Gefühlslage
☒ Typen und Klischeefiguren
☐ Humor

⇨ Christian trägt einen grünen Anzug. Ist er womöglich ein Polizist? Welche Möglichkeiten gibt es noch? Offenbar steigert Erwin sich in etwas hinein. Versucht, diese Steigerung auch deutlich sichtbar zu machen!

▶▶▶ **Erwin:** *Wissen Sie, wie spät es ist?*

Christian: *Zehn nach vier.*

Erwin: *Sind Sie sicher? Sie gehen wohl davon aus, dass ich Ihnen glaube, weil Sie einen grünen Anzug tragen.*

Christian: *Überhaupt nicht.*

Erwin: *Aber ein grüner Anzug fühlt sich gut an, oder?*

Christian: *Den trage ich zur Arbeit.*

Erwin: *So ein Anzug wäre schon fein. Alle Frauen gucken einem nach. Jeder sieht zu dir auf. Perfekt.*

Christian: *So einfach ist das nicht.*

Erwin: *Hier und da ein wenig Smalltalk.*

Christian: *Ich habe noch mehr zu tun.*

Erwin: *Was denn?*

Christian: *Ich muss ins Büro. Also, entschuldigen Sie mich.*

Erwin: *Und warum gehen Sie ins Büro? Wegen der netten Kollegen, wie? Ihre Aufgabe ist es, den Bürgern zuzuhören. Dem kleinen Mann! Sie missbrauchen Ihren Anzug, das machen Sie. Ich habe Sie durchschaut.*

© Verlag an der Ruhr • Postfach 10 22 51 • 45422 Mülheim an der Ruhr • www.verlagruhr.de • ISBN 3-86072-930-6

89 | Eintopf

<u>Mann/Frau</u>   ☐ Konfliktsituation
☒ Spannungsaufbau   ☐ Gefühlslage
☐ Wendepunkt   ☒ Typen und Klischeefiguren
☒ Improvisationsmöglichkeit   ☐ Humor

Ihr könntet durch entsprechende Requisiten einen Gemüsestand andeuten.

Vermutlich sprechen hier ein Gemüsehändler und sein Kunde miteinander. Allerdings ist dies kein „normales" Verkaufsgespräch. Überlegt, warum das so ist. Wie könnte man die Charaktere durch die Darstellung und den Einsatz der Stimme besonders kennzeichnen? Wie stellt ihr euch einen „typischen" Gemüsehändler vor?

▶▶▶ | Peter: | **Ich hätte gerne einen Sack Kartoffeln.**
| Andrea: | **Für einen Eintopf? (Pause)**
| Peter: | **Was?**
| Andrea: | **Essen Sie heute Abend Eintopf?**
| Peter: | **Ich hätte gerne einen Sack Kartoffeln.**
| Andrea: | **Ja, genau, für einen Eintopf.**
| Peter: | **Ich frage Sie noch einmal. Darf ich, bitte, von Ihnen einen Sack Kartoffeln haben?**
| Andrea: | **Aber selbstverständlich. Wollen Sie auch Möhren?**
| Peter: | **Bitte. Ich habe sowieso keine mehr.**
| Andrea: | **Wie viele wollen Sie?**
| Peter: | **Wie viele haben Sie?**
| Andrea: | **Kommt darauf an.**
| Peter: | **Haben Sie ein Kilo?**

© Verlag an der Ruhr • Postfach 10 22 51 • 45422 Mülheim an der Ruhr • www.verlagruhr.de • ISBN 3-86072-930-6

Andrea:	**Sicher.**
Peter:	**Oh ja? Und haben Sie auch vier Kilo?**
Andrea:	**Vier Kilo Möhren.**
Peter:	**Ja, Möhren, davon reden wir gerade.**
Andrea:	**Das wird schon klappen.**
Peter:	**Und wenn ich Sie jetzt mit der Zahl Siebeneinhalb konfrontiere?**
Andrea:	**Kilo?**
Peter:	**Ja, Kilo, davon reden wir gerade. Kilo Möhren.**
Andrea:	**Siebeneinhalb ...**
Peter:	**Kilo Möhren. Auf Vorrat, nicht wahr? Nicht auf Bestellung. Bar auf die Hand.**
Andrea:	**Zwanzig.**
	(Pause)
Peter:	**Kilo? (Andrea nickt langsam.) Puh, ich ... (setzt sich auf den Boden, als ob ihm schwindlig wird). Das sind eine Menge Möhren.**
Andrea:	**Stimmt.**
Peter:	**Was macht man mit so vielen Möhren?**
Andrea:	**Einen Eintopf.**

© Verlag an der Ruhr • Postfach 10 22 51 • 45422 Mülheim an der Ruhr • www.verlagruhr.de • ISBN 3-86072-930-6

90 | Verliebt

  Zwei Mädchen ☐ Konfliktsituation
☐ Spannungsaufbau ☒ Gefühlslage
☐ Wendepunkt ☐ Typen und Klischeefiguren
☒ Improvisationsmöglichkeit ☐ Humor

⇨ Sprechen hier junge Mädchen oder ältere Frauen miteinander?
Zwei Freundinnen oder eher nur flüchtige Bekannte?
Wie sieht jemand aus, der heimlich verliebt ist?
Gibt es auffällige Merkmale, die ihn sofort verraten?
Lasst euch einige besondere Eigenschaften einfallen,
die ihr dann in euren Vortrag einbaut.

▶ ▶ ▶ Emma: **Ich mag Jan sehr.**

Cynthia: **Dachte ich mir schon.**

Emma: **Was? Wie denn?**

Cynthia: **Ich wusste es.**

Emma: **Wieso? Ist es so auffällig?**

Cynthia: **Für mich schon.**

Emma: **Und für den Rest?**

Cynthia: **Auch.**

Emma: **Warum?**

Cynthia: **Du benimmst dich so. Wenn er kommt, redest du auf einmal viel lauter, lachst sehr laut und du drückst deinen Busen nach vorne.**

Emma: **Meinen Busen?**

Cynthia: **Ja, ganz nach vorne.**

Emma: **Wirklich?**

© Verlag an der Ruhr • Postfach 10 22 51 • 45422 Mülheim an der Ruhr • www.verlagruhr.de • ISBN 3-86072-930-6

Cynthia: **Du streichst mit den Händen übers Haar, ziehst das Haarband heraus und lässt deine Haare offen wehen.**

Emma: **Gar nicht wahr.**

Cynthia: **Doch.**

(Pause)

Emma: **Denkst du, dass Jan es auch weiß?**

Cynthia: **Klar. Es ist so auffällig.**

Emma: **Oh.**

(Pause)

Glaubst du, es könnte was werden?

Cynthia: **Nein.**

© Verlag an der Ruhr • Postfach 10 22 51 • 45422 Mülheim an der Ruhr • www.verlagruhr.de • ISBN 3-86072-930-6

91 | Film

 <u>Zwei Jungen</u> ☐ Konfliktsituation
☐ Spannungsaufbau ☐ Gefühlslage
☐ Wendepunkt ☒ Typen und Klischeefiguren
☒ Improvisationsmöglichkeit ☒ Humor

 Die beiden Figuren reden in einem besonderen „Slang", einer Sprache, die für Außenstehende schwer zu verstehen ist. Wie könnten diese Personen aussehen? Überlegt euch mögliche Requisiten, besondere Kleidungsstücke, Accessoires etc. Fallen euch bestimmte Gruppen von Menschen oder Jugendlichen ein, die auch eine besondere Sprache sprechen?

▶ ▶ ▶ **Martin:** *Ich habe gestern einen Film gesehen, der war nicht mehr normal.*

Boris: *Echt?*

Martin: *Hast du ihn nicht gesehen?*

Boris: *Wann kam der?*

Martin: *Halb neun. Echt abnormal!*

Boris: *Der Film über den Mann?*

Martin: *Das war so ein komischer Film. Nicht normal. Und das ging so weiter. Da denkst du dir, du kannst durchatmen, ein wenig entspannen, dich nach hinten lehnen, eine Cola trinken, Chips essen, BAMM! Da ging es wieder von vorne los! Krass!*

Boris: *Wie hieß er denn?*

Martin: *Der Typ? Keine Ahnung.*

Boris: *Der Film. Wie hieß der Film?*

Martin: *Keine Ahnung. Aber wahnsinnig hat der gemacht. Immer mehr Spannung. Echt nicht normal. Und dann auf einmal saßt du hinter der Couch vor Angst. Herzrasen. Zitternde Hände.*

© Verlag an der Ruhr • Postfach 10 22 51 • 45422 Mülheim an der Ruhr • www.verlagruhr.de • ISBN 3-86072-930-6

*Und dann rutschte jemand aus. Hab ich erst überhaupt nicht
gerafft! Echt nicht normal. Selten habe ich so gelacht.*

Boris: **War es ein Mann mit roten Haaren?**

Martin: **Ja, roten Haaren. Schrecklich war der. War mir jedes Mal
einen Schritt voraus. Jedes Mal dachte ich: „Jetzt passiert
es"... ZACK, eine Wendung, wovon dir schlecht wird.**

Boris: **Dass er dann nach draußen kommt und ...**

Martin: **Ja, genau, die Szene. Er kommt raus und hört Krach.**

Boris: **Und sein Pferd ist umgefallen.**

Martin: **Du kennst ihn.**

Boris: **Weißt du, was ich ziemlich gut fand?**

Martin: **Erzähl! Erzähl!**

Boris: **Dass er mitten in der Nacht ...**

Martin: **Jaa! Mitten in der Nacht.**

Boris: **... seine Zähne putzt und denkt, es wäre früh am Morgen!
Hahaha. Mitten in der Nacht.**

Martin: **Ach das. Fand ich jetzt nicht so toll.**

© Verlag an der Ruhr • Postfach 10 22 51 • 45422 Mülheim an der Ruhr • www.verlagruhr.de • ISBN 3-86072-930-6

REDEN UND ZUHÖREN ÜBEN
in Dialogen

Kapitel **11**

Gewinner
und Verlierer

Wer hat mehr Erfolg im Gespräch und wie zeigt sich das?

Gewinner und Verlierer

Wer hat mehr Erfolg im Gespräch und wie zeigt sich das?

Was steht bei einem Dialog eigentlich auf dem Spiel? Welches Ziel verfolgen die Dialogpartner? Wovor haben die Figuren Angst? Können sie etwas verlieren oder am Ende nur gewinnen?

Diese Fragen sind für das letzte Kapitel sehr wichtig. Außerdem könnt ihr sämtliche Fragen und zentralen Aspekte der vorherigen Kapitel auch hier noch einmal stellen, um herauszufinden, welche Ziele die einzelnen Figuren verfolgen.

Mit welchen „Hintergedanken" beginnt ihr ein Gespräch? Wollt ihr etwas Bestimmtes erreichen oder befürchtet ihr immer, als Verlierer aus dem Gespräch zu gehen? Es gibt viele Menschen, die einen Dialog von einem ganz bestimmten Standpunkt aus angehen. Erst nach dem Gespräch erkennen viele eigene Verbesserungsmöglichkeiten. In einem solchen Fall hört man dann: „Nächstes Mal werde ich das ganz anders angehen." Ein guter Dialog zeigt dem Zuschauer, wie ein oder beide Spieler langsam unterliegen, gewinnen oder sogar dem Gespräch eine plötzliche Wendung geben.

Hinweis für den Lehrer bzw. Kursleiter:

Überlegen Sie sich vorab mögliche Hintergrundinformationen zu den einzelnen Situationen und liefern Sie der Gruppe Hinweise auf Interpretationsmöglichkeiten, bevor die Dialoge gelesen werden. Wer sollte Ihrer Meinung nach als Gewinner und wer als Verlierer aus dem Dialog entlassen werden?

© Verlag an der Ruhr • Postfach 10 22 51 • 45422 Mülheim an der Ruhr • www.verlagruhr.de • ISBN 3-86072-930-6

92 | Hundebiss

Mann/Mädchen   ☒ Konfliktsituation

☐ Spannungsaufbau   ☐ Gefühlslage

☐ Wendepunkt   ☐ Typen und Klischeefiguren

☒ Improvisationsmöglichkeit   ☒ Humor

⇨ Offensichtlich handelt es sich hier um einen Dialog, der zwei gegensätzliche Seiten und ihre Argumente präsentiert. Diskutiert diese Argumente gemeinsam und entscheidet, ob sie euch überzeugen. Gibt es in diesem Dialog einen „Gewinner"? Gewinnen die richtigen Argumente oder siegt das größere Selbstbewusstsein? Achtet bei der Darstellung darauf, dass ihr eure Argumente auch überzeugend vortragt.

▶ ▶ ▶   Anne: *Ich bin von Ihrem Hund gebissen worden.*

Horst: *Wo denn?*

Anne: *In die Wade.*

Horst: *Lassen Sie mal sehen. Ah, ich sehe es schon. Das kann Baldor nie getan haben. Hier, sehen Sie diesen Zahn, die tiefe Fleischwunde? Das ist eindeutig ein Labrador gewesen. Nein, das ist nicht das Gebiss von einem deutschen Schäferhund. Kann Baldor also nicht gewesen sein. So etwas würde Baldor übrigens auch nicht tun. Er hat noch nie jemanden gebissen.*

Anne: *Na, ich weiß doch sicher, dass er mich gebissen hat.*

Horst: *Fräulein, wenn ich meinen Hund zwischen zehn identische Hunde setzen würde, könnten Sie ihn dann für mich identifizieren als den Hund, der Sie gebissen hat?*

Anne: *Nein, wenn sie identisch wären nicht, aber ...*

Horst: *Genau mein Punkt. Sie sagen das eine, ich sage das andere. Sie sagen wieder das eine, während ich auf dem anderen beharre. Verstehen Sie. Wir befinden uns in einer Sackgasse!*

© Verlag an der Ruhr • Postfach 10 22 51 • 45422 Mülheim an der Ruhr • www.verlagruhr.de • ISBN 3-86072-930-6

Anne: *Ich befinde mich in überhaupt keiner Sackgasse! Ihr Hund hat mich gebissen. Sie sind für Ihren Hund verantwortlich.*

Horst: *Hoho, sind Sie verantwortlich für die Mücke in ihrem Haus?*

Anne: *Pardon?*

Horst: *Wenn ich in Ihr Haus käme. Und ich meine nur, wenn! Stellen Sie sich vor, ich komme in Ihr Haus. Und da ist eine Mücke und die Mücke beißt mich. Oder sticht mich, wie Sie es auch formulieren möchten. Sind Sie dann verantwortlich?*

Anne: *Nein, ich habe die Mücke doch nicht erzogen.*

Horst: *Hoho, Sie haben die Mücke ins Haus geholt, sie hat sich ernährt, und das wahrscheinlich von Ihrem Blut. Und dann beginnt Sie, auf einmal auch mein Blut zu saugen.*

Anne: *Ich habe die Mücke nicht ins Haus geholt.*

Horst: *Hält sich die Mücke da dann illegal auf? Haben Sie Anzeige erstattet?*

Anne: *Nein.*

Horst: *Na, dann sind Sie also damit einverstanden, dass die Mücke da ist.*

Anne: *Ja, da kann man nichts gegen tun.*

Horst: *Genau. Verstehen Sie. Ich kann zu meinem Hund nicht sagen: „Beiß das Fräulein nicht." Würde ich sagen: „Beiß das Fräulein", dann wäre es meine Schuld und ich wäre verantwortlich. Aber solange der Hund mir nicht gehorcht, wie kann ich dann verantwortlich sein?*

Anne: *Dann würde ich gerne kurz mit Baldor sprechen.*

Horst: *Das können Sie machen, aber für die Folgen hafte ich nicht.*

© Verlag an der Ruhr • Postfach 10 22 51 • 45422 Mülheim an der Ruhr • www.verlagruhr.de • ISBN 3-86072-930-6

93 | Abnehmen

Zwei Mädchen   ☐ Konfliktsituation
☐ Spannungsaufbau   ☐ Gefühlslage
☒ Wendepunkt   ☐ Typen und Klischeefiguren
☒ Improvisationsmöglichkeit   ☐ Humor

⇨ Zunächst handelt es sich hier um ein echtes „Klatschgespräch".
Achtet bei diesem Dialog auf einen bestimmten Wendepunkt,
der zeigt, dass eine der beiden Sprechenden die andere verbal
angreift. Wann passiert das? Wie reden die Personen miteinander? Sie könnten z.B. anfangs flüstern, damit noch deutlicher
wird, um welche Art von Gespräch es sich hier handelt.

▶▶▶ *Jenny:*   **Marina war beim Friseur. Sie trägt ihre Haare jetzt kurz.**

Gitte: **Gestern hast du was ganz anderes erzählt.**

Jenny: **Was denn?**

Gitte: **Dass sie sich hat blondieren lassen.**

Jenny: **Das war Melanie.**

Gitte: **Oh.**

Jenny: **Melanie hat jetzt was mit Jan.**

Gitte: **Ich finde, sie ist eine alte Schrulle, sorry.**

Jenny: **Sie ist schon hübsch. Sie hat immer sehr schöne Kleider an.**

Gitte: **Mit ihrem Riesenhintern.**

Jenny: **Ach, geht.**

Gitte: **Die ist 'ne Oma.**

Jenny: **Du hast sie lange nicht gesehen. Sie hat viel abgenommen.**

Gitte: **Kann sein. (Pause) Und du?**

Jenny: **Ich?**

Gitte: **Wann nimmst du mal ein bisschen ab?**

© Verlag an der Ruhr • Postfach 10 22 51 • 45422 Mülheim an der Ruhr • www.verlagruhr.de • ISBN 3-860/2-930-6

94 | Zwerg

 Mädchen/Junge

☐ Spannungsaufbau

☒ Wendepunkt

☒ Improvisationsmöglichkeit

☐ Konfliktsituation

☐ Gefühlslage

☐ Typen und Klischeefiguren

☒ Humor

⇒ Wie stellt ihr euch die Charaktere vor? Welche Beziehung haben sie zueinander? Wo verbirgt sich hier der Gewinner oder Verlierer? Welche Rolle spielt der Zwerg dabei, auch wenn er nicht zu sehen ist? Versucht, den Dialog vorzutragen und den eigentlich absurden Inhalt vollkommen ernst zu präsentieren. Diskutiert gemeinsam Tanjas Rolle. Warum ändert sie ihre Meinung zum Schluss? Was beeinflusst sie? Ist sie eine Gewinnerin oder Verliererin?

▶▶▶ **Olaf:** *Unter meinem Bett ist ein Zwerg.*

Tanja: *Erzähl weiter.*

Olaf: *Er will nicht sagen, wie er heißt.*

Tanja: *Und wann war das, als du den Zwerg das erste Mal wahrgenommen hast?*

Olaf: *Gestern.*

Tanja: *Und seitdem weigert er sich, mit dir zu reden?*

Olaf: *Er redet schon. Er sagt ganz gemeine Sachen. Dass meine Füße stinken und dass ich hässlich und dumm bin. Aber wenn ich dann frage, wie er heißt, sagt er nichts. Dann schüttelt er den Kopf.*

Tanja: *Jaha.*

Olaf: *Findest du das normal?*

Tanja: *Hast du ihn schon mal gekitzelt? Oder seinen Hut falsch aufgesetzt? Oder ihn irgendwie unfreundlich behandelt?*

© Verlag an der Ruhr • Postfach 10 22 51 • 45422 Mülheim an der Ruhr • www.verlagruhr.de • ISBN 3-86072-930-6

Olaf: *Würde das helfen?*

Tanja: *Oder ihn festbinden an einer Klopapierrolle und ihn die Treppe runterrollen. Oder ihn in einem Aquarium mit ganz großen Fischen in ein kleines Bötchen setzen und dann mit einem Föhn eine Strömung simulieren.*

Olaf: *Ach nein. Das finde ich traurig. Er ist nur ein sehr kleines Männchen. Ich glaube, er hat ein gutes Herz.*

Tanja: *Ja, das glaube ich auch. Das glaube ich auch, Schatz. Aber wenn der blöde Kerl seinen Namen nicht nennen will. Ich meine, er sitzt da, ohne Grund, und sagt gemeine Sachen, schüttelt mit dem Kopf und weigert sich, seinen Namen zu sagen. Wer weiß, vielleicht plant er irgendwas.*

Olaf: *Was glaubst du, wie's mir geht! So ein kleines Kerlchen kann sogar ein bisschen Angst machen. Ehrlich. Ich denke nicht, dass wir ihn verärgern sollten. Nachher holt er noch seine Freunde dazu.*

Tanja: *Das ist doch genau das, was wir wollen.*
           Wir treiben sie zusammen und dann ...

Olaf: *Vielleicht solltest du mal mit ihm reden.*

Tanja: *Hm ... Hm, ach weißt du was, eigentlich ist der Zwerg doch O.K. Ich würde sagen, lass das Männchen da mal in Ruhe machen, was es will. Wenn er nicht sagen will, wie er heißt, wird er schon seinen Grund dafür haben. Wer sind wir schon, uns darum zu kümmern?*

Olaf: *Ja, wer sind wir schon? Vor allem im Vergleich zu so einem weisen kleinen Männchen mit einem guten Herz?*

Tanja: *Und wenn er um etwas bittet, gib es ihm einfach.*

Olaf: *Er hat um 300 € Taschengeld gebeten ...*

Tanja: *Klingt doch O.K.*

95 | Im Weg stehen

Zwei Männer ☐ Spannungsaufbau ☐ Wendepunkt ☒ Improvisationsmöglichkeit

☒ Konfliktsituation ☐ Gefühlslage ☒ Typen und Klischeefiguren ☐ Humor

➡ Zwei Streithähne treffen hier aufeinander. Wo spielt dieser Dialog oder wo könnte er stattfinden? Die Auseinandersetzung spitzt sich immer mehr zu. Allerdings wird sie auch immer kindischer. Bei eurem Vortrag könnt ihr das alberne, dickköpfige Verhalten der Männer ruhig sehr stark betonen. Probiert unterschiedliche Variationen des Streits aus. Achtet dabei auf eine passende Gestik, Mimik, Stimmlage etc. Ihr könntet z.B. mit den Füßen wütend aufstampfen, wild gestikulieren oder hysterisch schreien. Gibt es bei diesem Gespräch eigentlich einen Sieger?

Peter: *Gehen Sie mal ein bisschen beiseite.*

Volker: *Warum?*

Peter: *Weil ich vorbei muss.*

Volker: *Ja und?*

Peter: *Weil ich es sage. Darum.*

Volker: *Ich will einen wirklichen Grund hören.*

Peter: *Der Grund ist, dass ich darum bitte. Ich arbeite hier, Sie nicht, es erscheint mir also logisch, dass Sie mir zuhören.*

Volker: *Sie arbeiten hier, aber dieser Flur gehört nicht Ihnen. Oder doch?*

Peter: *Ich kann Sie aber rauswerfen.*

Volker: *Haha. Versuchen Sie das mal! Ich sehe schon die Zeitungsüberschrift: Patient nach Hause geschickt, weil er im Weg stand.*

© Verlag an der Ruhr • Postfach 10 22 51 • 45422 Mülheim an der Ruhr • www.verlagruhr.de • ISBN 3-86072-930-6

Peter:	Ich habe keine Zeit dafür. Es wäre sehr praktisch, wenn Sie eben einen Schritt zur Seite machen und dann haben wir keine Probleme mehr.
Volker:	Ist das so? Sie kommandieren mich hier ziemlich herum und plötzlich haben wir keine Probleme mehr?
Peter:	Würden Sie bitte beiseite gehen?
Volker:	Nein, nein, nein.
Peter:	Ja, ja, ja.
Volker:	Nein, nein, nein.
Peter:	Ich muss an die Arbeit. Ich habe es eilig.
Volker:	Jeder hat so seine Probleme.
Peter:	Bleiben Sie den ganzen Tag hier stehen?
Volker:	Das könnte gut sein.

© Verlag an der Ruhr • Postfach 10 22 51 • 45422 Mülheim an der Ruhr • www.verlagruhr.de • ISBN 3-86072-930-6

96 | Zweimal Pommes mit Mayo

<u>Zwei Mädchen</u>   ☒ Konfliktsituation
☐ Spannungsaufbau   ☐ Gefühlslage
☐ Wendepunkt   ☐ Typen und Klischeefiguren
☒ Improvisationsmöglichkeit   ☐ Humor

⇨ Beide Figuren versuchen, als „Gewinner" den Dialog zu beenden. Diskutiert die Ziele und Absichten von Moni und Susanne. Jede der beiden versucht ihre Position zu begründen. Bewertet die unterschiedlichen Argumente und fragt euch, wer hier verliert!

▶▶▶ **Moni:** *Traust du dich, den Mann zu bitten, uns Pommes auszugeben?*

Susanne: *Welchen Mann?*

Moni: *Mit der roten Jacke. Zweimal Pommes mit Mayo.*

Susanne: *Hast du kein Geld mit?*

Moni: *Doch. Traust du dich?*

Susanne: *Ich trau mich schon, aber ich mache es nicht.*

Moni: *Warum nicht? Du bist ein Angsthase.*

Susanne: *Nein. Ich bezahle meine Sachen selbst. Dafür brauch ich keinen Mann.*

Moni: *Gratis Pommes schmecken besser als bezahlte.*

Susanne: *Ach ja?*

Moni: *Sicher.*

Susanne: *Warum fragst du nicht selbst?*

Moni: *Du hast Schiss. Du traust dich nicht. Sogar Stella und Nora haben es gemacht. (Pause)*

Susanne: *Was krieg ich von dir, wenn ich es mache?*

© Verlag an der Ruhr • Postfach 10 22 51 • 45422 Mülheim an der Ruhr • www.verlagruhr.de • ISBN 3-86072-930-6

97 | Pommes

Mädchen/Mann   ☐ Konfliktsituation
☐ Spannungsaufbau   ☐ Gefühlslage
☒ Wendepunkt   ☐ Typen und Klischeefiguren
☒ Improvisationsmöglichkeit   ☒ Humor

⇨ Probiert hier eine besondere Form des „stummen Spiels" aus. Während Susanne spricht, kann ihre Freundin alle Dinge, die über sie erzählt werden, pantomimisch begleiten. Sozusagen als Unterstützung für Susanne, damit Erik aus Mitleid die Pommes frites ausgibt. Diskutiert das Ende des Dialogs: Wer gewinnt hier?

▶▶▶ *Susanne:*   **Mein Herr?**

Erik: **Ja.**

Susanne: **Meine Freundin und ich. Wir haben solche Lust auf Pommes, aber wir haben überhaupt kein Geld bei uns. Und wir dachten, Sie sehen ziemlich reich aus, vielleicht wollen Sie uns einladen ...**

Erik: **Das habt ihr gedacht.**

Susanne: **Meine Freundin hat eine ganz schlechte Woche hinter sich. Sie hat in allen Fächern schlechte Noten bekommen. Eine 5 in Französisch, eine 5 minus in Deutsch. Und ihre Eltern hatten die ganze Woche Streit. Ich will sie so gerne überraschen.**

Erik: **So so.**

Susanne: **Bitte, mein Herr. Sie ist total schlecht drauf. Sie sieht natürlich auch nicht so gut aus und ich bin eigentlich ihre einzige Freundin. Sie ist sehr traurig. Ich habe auch nicht so richtig Lust, mit ihr Kontakt zu haben, aber sonst hätte sie überhaupt niemanden mehr. Ihr Hund ist vor kurzem auch schon gestorben. Haben Sie einen Hund?**

© Verlag an der Ruhr • Postfach 10 22 51 • 45422 Mülheim an der Ruhr • www.verlagruhr.de • ISBN 3-86072-930-6

Erik: *Keinen Hund, aber eine Katze.*

Susanne: *Sie hatte eine sehr süße Katze. Letztes Jahr überfahren worden. Bitte, mein Herr. Sie ist wirklich die Dümmste aus der Klasse, hat noch nie einen Freund gehabt, und so könnte ich immer weitererzählen.*

Erik: *Nein.*

Susanne: *Wie bitte?*

Erik: *Du kannst dir das Geld von mir leihen. Ich will es nächste Woche zurück plus 15% Zinsen. Ich will deine Telefonnummer, deine Adresse und einen Beweis, dass du da wirklich wohnst. Den Vornamen deines Vaters und die Telefonnummer auf seiner Arbeit. Den Mädchennamen deiner Mutter, ihre Hobbys und die Adresse von deinem Opa und deiner Oma.*

© Verlag an der Ruhr • Postfach 10 22 51 • 45422 Mülheim an der Ruhr • www.verlagruhr.de • ISBN 3-86072-930-6

98 | Pfefferminzpastille

Alter Mann/Junge
- ☐ Spannungsaufbau
- ☐ Wendepunkt
- ☒ Improvisationsmöglichkeit

- ☐ Konfliktsituation
- ☒ Gefühlslage
- ☒ Typen und Klischeefiguren
- ☐ Humor

⇨ Wie stellt ihr den Großvater und den Enkel Bastian dar? Bastian könnte viel lebendiger und aktiver auftreten als der schwächere, etwas steife alte Mann. Oder aber ist der Großvater noch erstaunlich fit für sein Alter? Versucht auch, beim Sprechen die Unterschiede zwischen Jung und Alt zu zeigen. Geht einer von beiden hier als Sieger aus dem Gespräch?

▶▶▶ **Bastian:** *Gib mir mal ein Mars, Opa. Und ein Snickers Crunchy.*

Hermann: *Zu meiner Zeit gab es diese Dinger nicht. Da bekam man eine Pfefferminzpastille in der Woche. Damit musste man auskommen. Mit einer Pfefferminzpastille.*

Bastian: *Sei froh, dass du noch lebst. Du kannst so viel Mars essen, wie du willst.*

Hermann: *Ich kriege die Dinger nicht runter. Sie kleben überall dran fest.*

Bastian: *Nicht so viel jammern, Opa.*

Hermann: *Versuch du mal, mit einem Kunstgebiss ein Mars zu essen! Das ist kein Vergnügen! Alles klebt fest! Und die Zähne sehen ganz anders aus als meine eigenen Zähne. Als ich das Ding gerade erst hatte, habe ich mich im Spiegel nicht erkannt.*

Bastian: *Du wirst echt ein alter Griesgram. Dieses Gejammer über das Gebiss. Mir wird schlecht, wenn ich daran denke.*

Hermann: *Warte mal, bis du so alt bist.*

Bastian: *Bis dahin hat man ein richtig gutes Gebiss entwickelt, das genau wie mein eigenes aussieht und das nirgendwo festklebt.*

Hermann: *Na, hoffen wir mal darauf.*

(Pause)

Jedenfalls für dich. Ich muss sowieso mit diesem Gebiss auskommen. Für mich gibt es keine andere Lösung. Es ist wirklich kein Vergnügen.

Bastian: *Opa, jetzt geht es wieder los. Nimm noch eine Pfefferminzpastille. Und dann will ich dich erst einmal nicht mehr hören.*

© Verlag an der Ruhr • Postfach 10 22 51 • 45422 Mülheim an der Ruhr • www.verlagruhr.de • ISBN 3-86072-930-6

99 | Das große Spiel des Wissens

© Verlag an der Ruhr • Postfach 10 22 51 • 45422 Mülheim an der Ruhr • www.verlagruhr.de • ISBN 3-86072-930-6

Mädchen/Junge
- ☒ Spannungsaufbau
- ☐ Wendepunkt
- ☒ Improvisationsmöglichkeit

- ☐ Konfliktsituation
- ☐ Gefühlslage
- ☐ Typen und Klischeefiguren
- ☐ Humor

⇨ Dieser Dialog stellt eine Quizsituation dar. Versucht, euch verschiedene Emotionen zu überlegen, die in einem Quiz eine Rolle spielen, z.B. Angst, Freude, Nervosität, Ungeduld, Anspannung etc. Einige dieser Gefühle solltet ihr beim Vortrag sichtbar machen. Überlegt euch mögliche Eigenschaften der Figuren. Ist Philipp ein Besserwisser? Wirkt Jeannette eher dümmlich? Bei Gesellschaftsspielen und Quizsendungen gibt es immer einen Gewinner oder Verlierer. Wer gewinnt hier?

▶ ▶ ▶ Philipp: **Die Frage ist einfach. Welche Band mit einem berühmten blonden Sänger hat das Lied „Hyper, Hyper" gesungen?**

Jeannette: **Blonder Sänger?**

Philipp: **Den musst du kennen.**

Jeannette: **Ich kenne keinen Bandsänger mit blonden Haaren.**

Philipp: **Doch, natürlich.**

Jeannette: **Nein, wirklich nicht.**

Philipp: **„Hyper, Hyper". Das weiß doch jeder.**

Jeannette: **Na, ich nicht.**

Philipp: **Supereinfach.**

Jeannette: **So kann ich das nicht. Du findest alles einfach.**

Philipp: **Komm schon. Diese Frage ist doch auch einfach.**

Jeannette: **Ich drehe durch, wenn du das sagst. Wenn ich eine Frage vorlese, sage ich doch auch nicht: Oh, simpel, einfach,**

	wenn du die nicht weißt, bist du echt zurückgeblieben,
	das weißt du doch wohl?
Philipp:	**Denk an die Zeit.**
Jeannette:	**Oh, auf einmal geht es auf Zeit?**
Philipp:	**Ja, natürlich. Sonst würde das Spiel ja ewig dauern.**
	Also, wie heißt die Band um den blonden Sänger,
	der „Hyper, Hyper" gesungen hat?
Jeannette:	**Ich weiß noch, was die Frage war!**
Philipp:	**Dann antworte.**
Jeannette:	**Ich weiß es nicht.**
Philipp:	**Das meinst du nicht im Ernst!**
Jeannette:	**Sag doch. Die Antwort. Sag doch.**
Philipp:	**„Scooter" natürlich!**
Jeannette:	**Der Sänger hat ja wohl keine blonden Haare!**
Philipp:	**Wohl. Weißblond sogar.**
Jeannette:	**Weißblond. Das sagst du erst jetzt.**
	Sonst hätte ich es sofort gewusst.
Philipp:	**Ja, wahrscheinlich.**

© Verlag an der Ruhr • Postfach 10 22 51 • 45422 Mülheim an der Ruhr • www.verlagruhr.de • ISBN 3-86072-930-6

100 | **Warte**

Mädchen/Junge ☐ Konfliktsituation
☒ Spannungsaufbau ☒ Gefühlslage
☐ Wendepunkt ☐ Typen und Klischeefiguren
☒ Improvisationsmöglichkeit ☐ Humor

⇨ Typen wie Michael sind unangenehm. Sicherlich kennt ihr Situationen, in denen ein ähnlicher Dialog wie der folgende stattgefunden hat. Ihr wartet einfach und jemand spricht euch an und stellt neugierige Fragen. Überlegt euch, wie man Michael besonders anstrengend und nervig darstellen kann. Ihr müsst versuchen, Reginas Ungeduld und ihre Abneigung Michael gegenüber auch auf den Zuhörer zu übertragen. Wie könntet ihr Michaels Stimme klingen lassen, wie sollte er aussehen und sich bewegen?

▶▶▶ *Michael:* **Wartest du auch?**

Regina: **Ja, auf den Bus.**

Michael: **Ja, auf den Bus, ja. Ich auch.**

(Pause)

Ich warte auch auf den Bus. Wohin musst du?

Regina: **Zum Bahnhof.**

Michael: **Oh, zum Bahnhof. Fährst du mit dem Zug?**

Regina: **Nein.**

Michael: **Du musst nicht zum Zug. Fährst aber zum Bahnhof. Na ja, möglich. Warum nicht?**

(Pause)

Warum auch nicht?

Regina: **Geht dich nichts an.**

© Verlag an der Ruhr • Postfach 10 22 51 • 45422 Mülheim an der Ruhr • www.verlagruhr.de • ISBN 3-86072-930-6

Michael: *Was geht mich nichts an?*

Regina: *Warum ich zum Bahnhof gehe. Das willst du doch wissen?*
             Nicht zum Zug, aber zum Bahnhof.

Michael: *Ja. Jetzt, wo du es sagst. Das will ich schon wissen.*
             Mal nachdenken. Zum Bahnhof, nicht zum Zug.
             Ich hab's gleich. Sag nichts. Ja! Ich hab's! Du arbeitest am
             Bahnhof. In so einem Laden. Liege ich richtig? Ja?

             (Pause)

Regina: *Was habe ich gerade gesagt?*

Michael: *Dass es ... ähm ... mich nichts angeht?*

Regina: *Soll ich böse auf dich werden?*

Michael: *Böse? Ähm, ... nein. Ist nicht nötig.*

             (Pause)

             Aber es stimmt doch, hm? Was ich gesagt habe?

© Verlag an der Ruhr • Postfach 10 22 51 • 45422 Mülheim an der Ruhr • www.verlagruhr.de • ISBN 3-86072-930-6

REDEN und ZUHÖREN ÜBEN
in Dialogen

Hilfreiche Literatur

Beverly Baxter:
Das richtige Wort am richtigen Ort.
Training: Freies Sprechen, argumentieren und diskutieren.
Verlag an der Ruhr 2002.
ISBN 3-86072-660-9

Kurt Wasserfall:
Erzählen lernen.
Ein Workshop zur Entwicklung der Sprachkompetenz.
Verlag an der Ruhr 2004.
ISBN 3-86072-935-7

Heinz Klippert:
Kommunikations-Training.
Übungsbausteine für den Unterricht.
Beltz Verlag 2001.
ISBN 3-407-62426-3

Cathy Miyata:
Vortragen Zuhören Kommunizieren.
Ein Trainingsbuch.
Verlag an der Ruhr 2003.
ISBN 3-86072-741-9

Paul Rooyackers:
Hundert Spiele mit Sprache für Unterricht und Jugendarbeit.
Kallmeyer Verlag 1998.
ISBN 3-7800-5911

Paul Rooyackers:
Spiele zur Förderung von Kommunikation und Ausdruck.
Don Bosco Verlag 1999.
ISBN 3-7698-1170-4

Alexandra Piel:
Sprache(n) lernen mit Methode.
170 Sprachspiele für den Deutsch- und Fremdsprachenunterricht.
Verlag an der Ruhr 2002.
ISBN 3-86072-740-0

Nützliche Links

www.rhetorik.ch/Hoeren/Hoeren.html
Verschiedenes zum Thema „Hören – Hinhören – Zuhören", außerdem werden konkrete Techniken des „aktiven Zuhörens" vorgestellt.

www.knill.com/Themen.html
Themenliste einer Kommunikations- beratung mit Infos rund um die Bereiche „Sprechen – Vortragen – Argumentieren – Diskutieren".

www.lsg.musin.de/supportweb/
Methodentraining/
kommunikationstraining.htm
Unterrichtsprojekt „Kommunikations- training" an einem Münchener Gymnasi- um mit genauem Zeit- und Arbeitsplan und Auflistung der erforderlichen Materialien.

© Verlag an der Ruhr • Postfach 10 22 51 • 45422 Mülheim an der Ruhr • www.verlagruhr.de • ISBN 3-86072-930-6

Verlag an der Ruhr

www.verlagruhr.de

Erzählen lernen

Ein Workshop zur Entwicklung der Sprachkompetenz

Kurt Wasserfall
10–14 J., 138 S., 16x23 cm, Pb.
ISBN 3-86072-935-7
Best.-Nr. 2935
13,– € (D)/13,40 € (A)/22,80 CHF

Die Kusskrise – Theater mit den Trillmichs

13 dreiste Stücke für Kinder und Jugendliche

Hans-Peter Tiemann
10–16 J., 138 S., A4, Pb.
ISBN 3-86072-866-0
Best.-Nr. 2866
19,– € (D)/19,50 € (A)/33,30 CHF

Ausdruck Kreativität Fantasie

Vortragen, Zuhören, Kommunizieren

Ein Trainingsbuch

Cathy Miyata
12–18 J., 161 S., A4, Pb.
ISBN 3-86072-741-9
Best.-Nr. 2741
20,– € (D)/20,50 € (A)/35,– CHF

Aufmerksamkeit trainieren

Wie geht das?

Peter Ryan
Kl. 5–10, 117 S., A5, Pb.
ISBN 3-86072-750-8
Best.-Nr. 2750
12,80 € (D)/13,15 € (A)/22,40 CHF

Verlag an der Ruhr   Bücher für die pädagogische Praxis

Postfach 10 22 51 • D–45422 Mülheim an der Ruhr
Tel.: 02 08/49 50 40 • Fax: 02 08/49 50 495
E-Mail: info@verlagruhr.de

2935_06_2004